중국 현대사

중국 현대사

혁명국가에서 경제대국으로

이영옥 지음

책과
함께

머리말

우리는 어떤 나라가 궁금해지면 그 나라가 어디에 있고, 어떤 사람들이 살고 있으며, 그 사람들은 어떤 사회제도와 역사를 갖고 있는지 찾아보게 된다. 인터넷이나 책을 통해서 그 나라에 대해 어느 정도 이해하게 되고 호기심이 더 커지면, 직접 눈으로 확인하고 싶은 마음을 갖게 되고, 이러저러한 것들을 준비하여 주요한 지역을 둘러보며 사람들을 만나게 된다. 직접 눈으로 확인한 장소나 사람들이 상상 속의 모습에 못 미쳐 실망스러울 수도 있지만, 어떤 나라를 이해하는 데 의미 있는 경험이 된다. 여기에서 그 어떤 나라가 중국이고 중국의 역사를 알고 싶다면, 어떻게 해야 할까?

일반인이 중국이라는 나라가 궁금해서 그 역사를 알려고 한다면, 비교적 쉽게 접근할 수 있는 방법은 중국현대사를 살펴보는 것이다. 중국현대사는 가장 최근 중국의 역사라는 점에서 비교적 접근하기 쉽기 때문이다. 일부 사람들은 중국의 역사라고 하면, 진시황의 통일제국 건설이나 유비나 조조로 대표되는 삼국지의 시대를 떠올릴 수도 있다. 하지만 단순한 흥미가 아니라 현재 중국 사회를 알고 싶다면, 우선 현대사의 전개 과정, 그 속에서 일어난 사건, 그 사건을 이끈 인물을 이해하는 것이 좋을 것이다. 중국의 현대사와 사회에 대한 기본적인 지식은 중국인을 직접 만나고 교류하게 되었을 때 그들의 사고방식과 행동을 이해하는 데 도움이 될 수 있기 때문이다.

중국현대사가 중국에 관심을 가진 사람들에게 중국을 이해하는 데 도움을 주기 위해서는 우선 서술의 시대적 범위에 대해 고민할 필요가 있다. 중국현대사를 어떤 기준으로 언제부터 언제까지 서술하는 것이 위에서 말한 독자들에게 도움을 줄 수 있을까? 1950년대 이후 한국학계에서 중국근대사는 대체로 청영아편전쟁부터, 중국현대사는 신해혁명이나 5·4운동부터 국공내전 전후까지 서술범위로 삼았다. 이러한 방식은 반세기 가까이 유지되었고, 최근이 되어서야 중국현대사의 연구 범위가 넓어져서 문화대혁명 시기가 다뤄지는 경우도 볼 수 있게 되었다. 중국의 역사 전체를 놓고 보면, 단순하게 시간만을 기준으로 시대를 구분하지 않는다. 다만 이 책에서는 이해하기 쉽게 근대를 가까운 시대, 현대를 다수의 사람들이 태어나서 살고 있는 시대 정도로 한정했다.

나는 중국근대사의 범위를 한국학계에서 일반적으로 다뤄지는 방식과 달리 앞에서 한 세대를 줄이고 뒤에서 한 세대 정도 더 늘일 필요가 있다고 생각한다. 중국근대사를 한 세대 정도 뒤로 이동시키고 중국현대사를 한 세대 정도 줄이면, 대체로 중국근대사의 범위는 청일전쟁부터 국공내전까지 60여 년 두 세대가, 중국현대사의 범위는 중화인민공화국의 수립부터 2010년까지 60여 년 두 세대가 된다. 이렇게 하면, 중국근대사는 왕조의 중국이 현대중국으로 넘어가는 시대를 담고, 중국현대사는 현재 대다수 중국인들이 살아왔고 살고 있는 시대를 담을 수 있다.

서술 범위가 정해졌으면, 이제 서술하는 내용과 깊이를 어느 수준으로 할 것인가를 고민해야 한다. 어떤 책에서 서술하는 내용과 깊이는 어떤 독자를 대상으로 하느냐에 따라 다르다. 이 책은 중국에 관심을 가진 일반인과 대학생을 대상으로 한다. 역사에 관심을 가진 중고등학생은 대체로 학교에서 한국사를 이수하고 세계사 가운데 동양사나 서양사, 혹은 둘 다 공부하기도 한다. 그들은 이미 중국공산당, 마오쩌둥, 문화대혁명, 덩샤오핑 정도를 알고 있고, 중국통사보다는 현대사에 대해 더 많은 내용을, 더 깊이 있게 다루면서도 전문 연구서보다는 더 쉬운 책을 바란다.

그렇다면 중국에 관심을 가진 일반 독자에게 중국현대사라는 책을 통해 중국 사회를 이해하는 통로를 열어주려면 어떻게 해야 할까? 좋은 방법은 구성을 단순히 하고, 각 장은 독립된 주제를 다루는 것이다. 그리고 전통적인 역사학의 서술 방식 가운데 시간 중심의 편년체와 사건 중심의 기사본말체를 혼합하여 각 장은 독립적이면서도 서로 유기적인 관계를 갖게 하는 것이다. 이렇게 하면, 독자들은 책을 처음부터 차근차근 읽을 수도 있고, 흥미가 있거나 궁금한 부분을 순서에 상관없이 살펴볼 수 있다.

이 책은 중국공산당이 중국국민당에게 승리하여 중화인민공화국을 수립하는 과정을 첫 장에 담았다. 2장은 중국공산당이 당·국가체제를 확립하고 당의 통치를 제도화하는 방식을 살펴보았다. 3장은 건국 초기 중화인민공화국이 냉전체제가 형성되는 과정에서 직면한 위기와 기회를 서술했다. 4·5·6장은 마오쩌둥 시대의 비극으로 거론되는 대약진운동과 문화대혁명의 과정, 그리고 두 사건이 가져온 변화의 움직임을 서술했다. 7·8장은 덩샤오핑이 오랜 신념을 사회주의시장경제라는 이름으로 실천에 옮기는 역정을 살펴보았다. 9장은 중화인민공화국에서 혁명세대와 그 시대가 끝나고 국제사회에서 위상을 높여가는 모습을 그렸다. 10장은 중화인민공화국과 인민들의 앞에 놓인 미래에 대한 간단한 전망을 담았다.

1921년 7월 창당 이후 중국공산당은 코민테른의 도움을 받았고, 코민테른의 지시로 중국국민당에 협력함으로써 세력을 키울 수 있었다. 하지만 1927년 4·12쿠데타로 중국국민당과 결별하여 독자노선을 걷게 되었고, 국민정부의 탄압을 받으면서 노동운동과 혁명 활동을 지속했다. 1935년 10월, 국민정부군의 포위 공격에도 대장정을 거치며 생존했고, 마오쩌둥을 중심으로 국민정부를 견제하는 유일한 정당이 되었다. 1937년부터 8년 동안 일본의 침략에 맞서 국민정부에 협조하여 항일전쟁을 승리로 이끌었다. 1949년 10월, 국민정부와 무력대결에서 승리했고, 마침내 중국대륙의 가장 강력한 정치집단으로 우뚝 섰다.

중국공산당

중화민국 초기 위안스카이袁世凱는 의회정치를 부정했고 왕조의 부활을 꿈꾸었다. 정치는 혼란스러웠고, 군대가 피를 흘려 이룬 제도를 무력화시켰다. 지식인들은 여전히 중국이 정치적으로 혼란스럽고, 퇴행적인 모습을 보이는 것에 실망했다. 그들은 1915년을 전후하여 유교적인 제도와 문화를 바꾸고 지식을 대중화하기 위해 신문화운동을 전개했다. 중국의 미래에 대한 다양한 논의들이 이뤄지면서 중국에 사회주의가 전파되고 중국공산당이 등장하는 토양도 마련되었다.

신문화운동의 선두 주자는 천두슈陳獨秀였는데, 그가 발행한《신청년新靑年》은 원래 정치적 색채가 강하지 않았고, 사람들의 생각을 계몽하는 데 치중했다. 위안스카이가 이끌던 베이징정부의 혼란을 목격하면서 정치 혁명보다 더 중요한 것이 사람들의 생각을 바꾸는 사상 혁명이라고 여겼기 때문이다. 하지만 초판 1000부를 발행했던《신청년》이 1만 5000부로 늘어나고, 지식인들 사이에서 널리 읽히면서 차츰 정치적 색채가 강해졌다. 훗날 공산당을 조직한 마오쩌둥毛澤東과 장귀타오張國燾는《신청년》의 애독자였다. 마오쩌둥은 멀리 남쪽 후난湖南성에서《신청년》을 읽으면서 천두슈와 후스胡適를 존경하게 되었고, 장시江西성 출신으로 베이징대학에 다니던 장귀타오는《신청년》이 내세운 민주와 과학의 정신이 베이징대학의 학생들을 사로잡았다고 회상했다.

1917년에 베이징대학의 총장이 된 차이위안페이蔡元培는 천두슈를 인문대 학장으로, 리다자오李大釗를 도서관장으로 초빙했다. 그는 당시《신청년》에 글을 기고하면서 편집자로 참여하고 있었다. 1918년 11월, 리다자오는《신청년》에 〈볼셰비즘의 승리〉라는 글을 통해 러시아의 10월혁명을 소개했고, 세계 곳곳에 사회주의의 붉은 깃발이 휘날리게 될 것이라고 예측했다.《신청년》을 읽으면서 학생들은 시민이 정치의 주체가 되는 민주와, 유교나 미신의 속박으로부터 벗어난 과학에 매료되었다. 그리고《신청년》에 소개된 10월혁명은 독자들에게 사회주의에 대해 호기심을 갖게 만들었다.

1918년 11월, 제1차 세계대전이 끝났을 때, 중국인들은 승전국의 일원으로서 패전국이 된 독일로부터 자국의 영토를 되찾을 수 있다고 기대했다. 하지만 중화민국정부의 대표단은 파리에서 열린 강화회의의 본 회의장에 들어가지도 못했고, 회의 참석자들로부터 독일이 가지고 있던 이권은 일본이 이어받게 되었다는 사실을 알았다. 그 사실이 중국에 알려지자 중국인들은 실망했고, 그 실망감은 정부에 대한 분노로 변했다.

1919년 5월 4일, 분노한 학생들은 톈안먼天安門 광장에 모여 산둥山東 지역 이권회수, 21개조 요구 취소, 매국노 처벌 등을 요구하며 시위를 벌였다. 학생들은 파리강화회의에서 21개조 요구가 유효하다고 보증한 외교부장 차오루린曹汝霖의 집에 불을 질렀고, 그곳에 있던 주일駐日 공사 장쭝샹章宗祥을 구타했다. 경찰은 34명의 학생들을 체포했다. 베이징에서 시작된 시위는 전국으로 확대되었고, 시민들도 시위에 동참했다. 정부는 확대되는 시위에 강경하게 대응하여 무차별적으로 체포했다. 정부의 강경 대응은 오히려 시민들을 자극했고, 시위가 더 확산되었다. 결국 정부는 매국노로 지목된 차오루린, 장쭝샹 등을 파면했고, 베르사유강화조약에 조인을 거부했다. 두 달 동안 벌이진 시위는 시민의 승리로 마무리되었다.

5·4운동은 천두슈에게 강렬한 자극이 되었고, 《신청년》에 실리는 글들의 성격도 바꾸었다. 《신청년》의 주요한 독자층이었던 대학생들을 비롯한 시민들이 거리에서 제국주의를 반대하는 시위를 벌이고 자신들의 정치적 의사를 관철시켰기 때문이다. 처음에는 《신청년》이 시민들을 변화시켰는데, 이제 시민들이 《신청년》을 변화시켰고, 정치색 짙은 글들이 실리기 시작했다. 더 나아가 천두슈는 매국 관료의 추방, 집회와 언론의 자유 보장 등을 요구하는 〈베이징 시민 선언〉이라는 전단을 만들어 거리에서 배포했다. 이 일로 그는 경찰에 체포되어 3개월간 감옥에 갇혔고, 석방된 뒤에는 베이징대학에서 해임되었다. 해임된 뒤에 그는 상하이로 옮겨와 《신청년》을 발간했고, 마르크스주

의자가 되었다.

1919년 7월, 소련의 외무장관 레프 카라한L. Karakhan이 내놓은 선언은 중국에서 사회주의가 확산되는 계기로 작용했다. 카라한은 과거 러시아가 청나라와 맺은 불평등조약을 통해 얻은 모든 권리와 의화단의 난 배상금, 러시아 조계 등을 모두 포기한다고 선언했다. 카라한 선언은 청영아편전쟁 이래 열강들로부터 굴욕과 침탈을 당해온 중국인들에게 커다란 감동을 주었다. 중국인들은 소련이 러시아와는 전혀 다른 성격의 국가이고, 제국주의 열강들과도 달리 약소민족과 국가의 편이라고 여기게 되었다.

1920년 9월, 제2차 카라한 선언에서 소련은 자국이 중국에서 가지고 있던 이권의 포기를 말한 것이 아니라 중·소 국교 정상화가 필요하다는 의미였다고 말을 바꾸었다. 사실 소련이 내세운 제국주의 반대나 민족자결의 원칙은 혁명 이후 국제사회에서 고립을 탈피하기 위한 전술이었다. 열강을 비난하면서 볼셰비키 혁명을 약소국에 전파함으로써 고립을 탈피하려 했던 것이다. 소련도 본질적으로 제국주의 국가였으며 대외 정책에서도 또한 철저하게 자국의 이해관계를 위해 약소국의 이익을 무시했다.

당시 베이징정부는 정상적인 외교 능력을 갖지 못했고, 진보적인 중국인들에게는 중국을 제국주의의 침략으로부터 막아내는 것이 더 시급한 문제였다. 결국 소련의 말 바꾸기와 이중적인 태도에 대한 강력한 문제의식이 나타나기는 어려웠다. 중국인들에게 사회주의는 자본주의 국가였던 제국주의 열강이 만든 세계 질서에 대항하는 사상적인 무기로 보였다. 천두슈를 비롯한 마르크스주의자들은 소련이 주도하고 있던 국제공산당 조직 코민테른에서 보낸 사람들의 접근을 받아들였다. 코민테른은 보이틴스키G. Voitinsky와 마링H. Maring을 상하이로 보내 천두슈와 접촉했다. 당시 천두슈는 이미 상하이에서 민족과 계급의 해방을 주장한 상황이었고, 리다자오와 함께 마르크스주의 연구회를 조직하여 활동하고 있었다. 이 두 사람은 또 1920년 8월에 상하이에서 중국 최초의 공산주의 모임인 소조小組를 만들었다. 1921년 3월에는 파리에서 저우언라이周恩來가 공산주의 모임을 조직했다. 그 뒤를 이어, 1921년 5월까지 베이징, 우한武漢, 창사長沙, 지난濟南, 광저우廣州 등지에서도 공산주의 모임이 잇달아 등장했다. 6월, 코민테른 중국 대표 마링이 상하이를 방문했고, 중국에서 하루 빨리 공산당 대표대회를 개최하자고 건의했다.

1921년 7월, 마침내 상하이에서 중국공산당 제1차 전국대표대회가 개최되었다. 당시 당원은 57명이었고, 마오쩌둥, 장궈타오 등 열두 명이 지역 대표로 참석했다. 1년여 동안 각지에서 공산주의 모임을 만드는 준비 작업을 거친 결과였는데, 공교롭게도 천두슈와 리다자오는 대회에 참석하지 못했다. 대표들은 중국공산당을 이끌게 될 중앙국의 총서기에 천두슈, 조직 주임에 장궈타오를 선출했다.

중국공산당의 중앙국은 상하이에 설치되었는데, 리다자오는 베이징에서 사실상 독립적인 지위를 갖고 있었다. 당시 공산당 내에서 남쪽의 천두슈, 북쪽의 리다자오(남진북이南陳北李)라는 말이 있었다. 사실 두 사람은 중국에서 있어야 할 공산당의 활동과 혁명에 대해 다른 생각을 가지고 있었다. 천두슈는 혁명에 성공한 소련과 유럽의 사회주의자들이 노동자를 중시하고 농민의 힘을 과소평가한다는 생각에 동의했다. 그는 농민들이 소박하고 무지하며 보수적이라서 힘을 모으기 쉽지 않기 때문에 혁명으로 이끌기 어렵다고 여겼다. 리다자오는 천두슈와 생각이 달랐다. 그는 경제적으로 낙후한 중국에서 농민이 전체 인구의 90퍼센트 이상을 차지하고, 농업은 여전히 중국 경제의 기초이므로, 혁명에서 농민은 중요한 요소라고 여겼다. 도서관장 리다자오 밑에서 보조사서로 일했던 마오쩌둥은 농민이 중요하다는 생각에 동조했고, 훗날 그런 생각을 실천에 옮겼다.

당시 중국에서 중국공산당의 창당에 주목하는 사람들이 거의 없었고, 정당으로서 존재 의미도 크지 않았다. 미미한 존재였던 중국공산당이 거대한 중국을 통치하는 정치체제의 핵심 요소가 되면서 과거의 발자취는 다시 정리되고 의미가 부여되었다. 중국에서 사회주의혁명이 성공하고 중화인민공화국이 건국되면서 그 이전 중국공산당의 역사를 다시 보게 되었고 그 기원을 추적하게 만들었던 것이다.

국민정부

중화민국은 두 시기로 나눠진다. 위안스카이를 비롯한 군인들이 권력을 다투던 베이징정부(1912~1927)를 거쳐 장제스蔣介石의 국민당이 통치하는 국민정부(1928~1949) 시기에 들어섰다. 베이징정부 15년은 혼란스러웠다. 그 혼란은 위안스카이의 과도한 욕심에서 비롯되었다. 신해혁명을 주도했던 혁명파는 군사적으로 신군보다 열세였기 때문에 중화민국 '임시정부'를 지켜내기 위해 남북화의를 진행했다. 쑨원孫文은 임시대총통의 자리를 위안스카이에게 양보했고, 쑹자오런宋教仁은 임시약법의 규정대로 1912년 선거를 통해 의회를 구성하고, 그 의회에서 정식으로 대총통과 내각의 총리를 선출하여 중화민국정부를 구성하려 했다.

쑹자오런, 쑨원, 황싱黃興 등이 중국동맹회의 조직을 기반으로 국민당을 창당했다. 그런데 국민당은 중의원과 참의원 선거에서 다수당이 되었지만 과반을 확보하지 못했고, 파벌 다툼으로 한목소리를 내지 못했다. 그 사이 공화당, 민주당, 통일당 등은 위안스카이의 지원 아래 진보당으로 통합되었고, 국민당을 견제했다. 당시 쑹자오런은 국민당의 구심점이었고, 유력한 총리 후보였으며, 위안스카이를 견제할 수 있는 인물이었다. 하지만 쑹자오런이 암살되고 국민당계 지방관들이 파면되자, 1913년 7월 남부의 7개 성에서 제2혁명이 일어났지만 쉽게 진압되었고, 국민당의 파벌 대립은 더 심해졌다.

국민당을 비롯한 정당들은 위안스카이를 견제할 수 없었고, 위안스카이는 경찰의 엄중한 감시 아래 대총통선거를 실시하여 대총통에 선출되었다. 대총통 위안스카이는 의회를 해산하고 중화민국약법을 만들어 종신 임기를 보장받았다. 그는 한 걸음 더 나아갔다. 1916년 1월, 중화제국의 황제에 즉위했다. 하지만 이미 1915년 12월부터 왕조의 부활에 반대하는 제3혁명이 일어났고, 1916년 6월이 되자 실의 속에서 세상을 떠났다.

위안스카이가 세상을 떠난 뒤, 베이징정부는 10여 년 동안 그가 키운 군인들이 무력을 가지고 이합집산하면서 권력을 다투는 난장판으로 변했다. 리위안훙黎元洪과 쉬스창徐世昌은 차례로 대총통 권한대행, 제2대 대총통이 되었지만, 실권은 군대를 거느린 돤치루이段祺瑞와 펑궈장馮國璋에게 있었다. 돤치루이는 실권을 갖으려던 리위안훙을 자리에서 끌어내렸고, 쉬스창을 허수아비 대총통으로 만들었다. 돤치루이를 견제할 수 있었던 펑궈장이 죽자, 차오쿤曹錕과 우페이푸吳佩孚는 펑궈장의 뒤를 이어 즈리直隸파를 이끌었다. 그들은 안후이安徽파 돤치루이에게 반기를 들었고 안즈安直전쟁(1920)이 벌어졌다. 즈리파는 전쟁에서 승리했고, 쉬스창을 내쫓은 뒤 리위안훙을 다시 대총통으로 추대했다.

펑톈奉天파 장쭤린張作霖은 안즈전쟁에서 즈리파를 지원했는데, 그 대가가 충분치 않다는 불만을 품었다. 결국 1922년 펑톈파와 즈리파의 군대가 충돌했고, 제1차 펑즈奉直전쟁에서 즈리파가 승리했다.

기세가 오른 즈리파의 차오쿤은 리위안훙을 내쫓고 뇌물선거를 통해 대총통이 되었다. 중국 중부지역에서는 뇌물선거에 대해 찬반이 엇갈리며 찬반세력 사이에 전쟁이 벌어졌다. 1924년, 동북지역에서 기회를 보고 있던 장쭤린은 군대를 이끌고 안후이파와 연합하여 즈리파를 공격했다. 그런데 즈리파 펑위샹馮玉祥이 오히려 총통부를 공격하는 베이징정변을 일으켰고, 즈리파는 제2차 펑즈전쟁에서 패배했다. 펑위샹과 장쭤린은 돤치루이를 임시집정으로 추대하여 정국의 안정을 도모했다. 하지만 돤치루이는 이미 노쇠한 정치인으로 혼란을 수습할 힘이 없어 스스로 물러났다. 그가 물러난 뒤에 베이징정부는 정상적으로 기능할 수 없는 상황에 빠졌다.

위안스카이가 죽은 뒤, 베이징정부의 혼란은 정계에서 힘을 잃고 있던 쑨원에게 기회가 되는 듯했다. 1917년에 광둥廣東 군벌 루룽팅陸榮廷은 쑨원을 불러들여 광둥군정부(1917)의 대원수로 추대했고, 1920년에 천지웅밍陳炯明은 쑨원에게 광둥정부(1921) 대총통의 자리를 마련해주었다. 그들은 쑨원의 명망을 이용하여 자신들의 정치적 영향력을 키우려 했다. 하지만 쑨원은 북벌을 통해 전국을 통일하려 했기 때문에 군벌들과 마찰을 빚었고, 결국 두 번 다 광둥에서 내쳐지는 굴욕을 겪었다. 한편, 사회주의혁명이 성공한 이후 소련은 혁명의 열기가 확산되지 않고, 오히려 유럽에서 고립되는 상황에 직면했다. 소련은 고립상황을 타개하기 위해 국제 공산당 조직 코민테른을 활용하여 동아시아로 눈을 돌렸고, 상하이에서 절치부심하던 민족주의 혁명가 쑨원과의 협력을 모색했다.

동병상련의 상황에서 쑨원과 소련은 손을 잡았다. 형식적으로 양
측의 연합은 중국국민당과 소련 사이에 진행되었다. 중국국민당은 신
해혁명 뒤에 선거를 위해 중국동맹회의 주요 인물들에 의해 창당되었
다. 그 뒤, 쑨원은 위안스카이의 왕조체제 부활 시도에 반대하여 중화
혁명당으로 개명하고, 5·4운동에서 깨어 있는 국민들의 힘을 확인한
뒤에 다시 중국국민당으로 당명을 바꾸었다. 쑨원은 절대적인 권위를
가지고 소련과의 연합에 대한 반대를 묵살했다. 소련은 쑨원에게 자
금과 군대를 제공했고, 그 대신에 쑨원은 국민당의 정책과 노선을 수
정하는 개조를 단행하여 소련과 연합하고 공산당을 용인하며 노동자
와 농민을 지원하기로 했다.

1923년 3월, 쑨원은 소련의 지원을 바탕으로 광둥정부를 수립했고,
대원수로서 정부를 이끌었다. 광둥정부는 군벌들과의 전투에서 승리
함으로써 지역을 차지하게 되었다. 1924년 1월, 국민당은 공산당원
의 개별적인 국민당 입당을 받아들이는 방식으로 공산당과 협력했다.
국민당은 공산당(소련)과 협력하는 개조를 통해 국민혁명(=대혁명)을
추진했다. 국민혁명은 5·4운동에서 나타난 반제국주의와 반군벌이
라는 국민들의 열망을 담아 진정한 국민들의 국가를 건설한 것이었다.
당시 국민당은 황푸黃埔군관학교의 창설로 군관의 체계적인 양성이
가능해졌고, 농민운동 강습소가 설립되어 농민의 지지도 얻게 되었다.

1924년 9월, 제2차 펑즈전쟁에서 광둥정부는 펑톈파·안후이파와

함께 반즈리삼각동맹을 구축했다. 펑위샹이 베이징정변을 통해 즈리파와 결별했고, 쑨원에게 협력을 요청했다. 당시 중국에는 이미 신뢰를 상실한 군벌의 베이징정부를 대신할 새로운 정부가 필요하고, 모든 조직과 단체를 망라한 국민회의가 열려야 한다는 여론이 형성되었다. 쑨원은 요청을 받아들여 베이징으로 갔다. 하지만 수많은 이해관계와 주장이 얽히면서 국민회의는 순조롭게 열리지 못했다. 쑨원은 지병이 악화되었고, 베이징에서 세상을 떠났다.

1925년 7월, 광둥정부는 국민정부로 명칭을 바꿨고, 대원수가 중심이 되어 정부를 이끌던 방식을 대신해 국민당 중앙집행위원회가 정부를 이끌게 되었다. 중앙집행위원회 위원 16인의 회의에서 좌파 왕징웨이汪精衛가 국민정부 주석으로 선출되었다. 왕징웨이는 쑨원의 부재라는 위기를 타개하기 위해 소련과 협력을 강화했고, 노동자·농민의 대중운동에 박차를 가했으며, 군벌을 배제하고 혁명성을 강화했다. 하지만 쑨원이 권위로 억누르고 있던 우파가 목소리를 내고 행동하기 시작했다. 1926년 3월 20일, 공산당이 반역을 꾀한다는 이유로 공산당 출신 간부와 소련고문을 체포하는 중산함사건이 일어났다. 8월에는 좌파의 지도자 랴오중카이廖仲愷가 암살되었다.

좌우파의 대립에도 불구하고 1926년 7월, 국민당은 국민혁명을 완수하기 위해 북벌北伐을 개시했다. 장제스는 이미 황푸군관학교 시절부터 군대에서 영향력을 키웠고, 쑨원이 죽은 뒤에는 그 영향력을 바탕으로 국민정부와 국민당에서 자신의 힘을 키워갔다. 북벌은 비교적 순조롭게 진행되었지만, 내부의 주도권 경쟁은 치열했다. 1927년 3월, 왕징웨이는 우한을 수도로 하는 국민정부가 정식으로 출범했음을 선언했다. 장제스는 난징南京을 수도로 해야 한다고 주장했고, 4월 12일 공산당계열의 상하이총공회가 이끌던 노동운동을 무력으로 진압하며 (4·12쿠데타) 난징을 수도로 하는 국민정부를 출범시켰다.

우한과 난징에 세워진 두 국민정부 사이의 대립은 오래 가지 않았다. 장제스는 군대의 지휘권을 무기로 우한을 압박했고, 결국 왕징웨이 등 국민당 좌파는 정부에서 공산당계열을 배제하기로 선언한 다음 난징으로 합류했다. 국민정부가 통합되자 북벌은 탄력을 받았다. 산시山西 군벌의 옌시산閻錫山, 허난河南 군벌 펑위샹, 광시廣西 군벌 리쭝런李宗仁 등이 북벌군에 합류했다. 동북 군벌 장쮜린의 아들 장쉐량張學良도 국민정부를 지지하는 동북역치東北易幟를 단행했다.

1928년 10월, 장제스는 난징에서 국민정부 주석 겸 육해공군총사령관에 취임했다. 그는 이제 단순한 군사실력자가 아니라, 정부와 군대를 확실하게 장악하여 명실상부한 중화민국의 최고 권력자가 되었다. 국민정부는 국민혁명을 통해 전국을 통일하며 출범했다. 국민혁명 시기에는 불가피하다는 명분으로 군정軍政을 실시했고, 이제 당을 통해 나라를 통치한다(이당치국以黨治國)는 훈정訓政의 개시를 선언했다. 그 명분은 헌법에 의해 국민이 스스로 정치권력을 행사하는 헌정憲政으로 나아가는 과도기가 필요하기 때문이라는 것이었다. 훈정은 사실상 국민당이 모든 정치권력을 독점하는 일당독재를 의미했다.

국민당 일당독재는 소련이 사회주의혁명에 성공한 뒤에 낡은 체제를 일소하고 반동세력을 제압하기 위해 한동안 프롤레타리아독재가 필요하다고 주장한 이론을 모방한 것이었다.

갓 출범한 국민정부에게 가장 시급한 문제는 순순히 북벌에 동조했던 군벌의 군대를 중앙에서 통제하는 것이었다. 군벌들은 원래 지역적 기반과 이익을 보장받을 것이라는 기대로 국민정부를 지지했다. 그런데 국민정부가 군사편견회의를 통해 군사권을 회수하려 하자 강력하게 반발했다. 1930년, 옌시산·펑위샹·리쭝런 등이 장제스의 국민정부에 반기를 들었고 왕징웨이도 동조했다. 국민정부군은 군벌들과 벌인 중원대전中原大戰에서 승리함으로써 장제스와 국민당을 중심으로 중앙집권을 강화할 수 있었다.

혁명활동

중국공산당은 중산함사건과 4·12쿠데타를 거치면서 국민당과 결별했고 독자적인 활로를 모색했다. 1927년 8월 1일, 중국공산당은 난창南昌에서 무장봉기를 일으켰는데, 실패했다. 8월 7일, 중국공산당 중앙집행위원회는 긴급회의(8·7회의)에서 국민당과 협력하면서 노동자·농민운동에서도 타협적인 자세를 견지했기 때문에 국공합작이 실패했다고 결론을 내렸다. 긴급회의는 천두슈의 노선을 우경기회주의라고 비판하며 퇴진시켰다.

새로 선출된 총서기 취추바이瞿秋白는 토지개혁과 노동운동을 강화하는 노선을 채택했다. 난창 봉기의 실패에도 불구하고, 공산당의 새로운 노선에 따라 후난, 후베이湖北, 장쑤江蘇, 광둥 등지의 농촌에서 추수봉기를 일으켰는데, 모두 실패했다. 공산당 지도부는 대중적 지지가 부족한 것이 아니라 당 간부들의 헌신이 부족하여 실패했다고 여겼다. 공산당은 도시와 농촌에서 더욱 과격하고 급진적인 방식으로 혁명운동을 전개했고, 국민정부에게 탄압의 명분을 제공했다. 국민정부의 탄압이 심해지자, 공산당은 공개적으로 활동할 수 없게 되었다. 공산당원들은 도시 지역에서 지하활동을, 농촌 지역에서는 산간의 외진 곳에 근거지를 마련하여 무장투쟁을 시작했다.

1928년, 국민정부가 전국을 통일하면서 공산당의 활동은 더욱 위축될 수밖에 없었다. 국민정부는 미국·프랑스·영국 등으로부터 관세 자주권을 회복(1929)하여 경제상황을 호전시켰고, 중원대전의 승리로 군벌을 해체하여 중앙집권을 강화했다. 국민당은 군인 당원 100만, 일반인 당원 50만의 지지와 국민당 특무기관 남의사藍衣社를 권력 유지의 핵심 기반으로 삼았다. 장제스는 국내 안정을 바탕으로 외적을 물리친다는 안내양외安內攘外의 방침을 정했고, 공격의 방향을 공산당 쪽으로 돌렸다.

도시 지역의 공산당 활동은 국민정부의 탄압과 감시 속에서 차츰 퇴조했다. 반면 산간 지역에 근거지를 두고 농촌에서 세력을 확장하는 활동은 국민정부의 통제가 어려웠기 때문에 활발하게 진행될 수 있었다. 1928년, 공산당은 중남부 지역에 혁명 활동을 위해 근거지들을 세우기 시작했다. 1930년이 되자 각지에 6곳이 넘는 근거지가 등장했고, 1931년 11월에는 장시성 루이진瑞金에 중화소비에트공화국이 수립되었다. 마오쩌둥은 중화소비에트공화국 임시정부 주석, 샹잉項英과 장궈타오는 부주석, 주더朱德는 군사위원회 주석을 맡았다.

공산당 내부에서 마오쩌둥의 지위는 높지 않았다. 당시 공산당의 실권자는 왕밍王明이었는데, 그는 취추바이, 리리싼李立三에 이어 코민테른의 지지를 바탕으로 당권을 쥐고 있었다. 1933년 초, 공산당 중앙은 상하이에서 루이진으로 이전했고, 마오쩌둥의 유격전(게릴라전) 노선을 우경右傾이라고 비판하며 그를 당의 주요 활동에서 배제했다.

국민정부는 각지에서 무장투쟁을 벌이고 있는 공산당을 반정부집단으로 여겼고, 세력이 확대되는 것을 막기 위해 1930년 11월부터 1933년 3월까지 네 차례에 걸쳐 공산당섬멸(초공剿共, 위초圍剿) 작전을 전개했다. 일본이 만주사변(1930)을 일으키고 만주국을 수립(1932)했음에도 불구하고, 안내양외라는 큰 그림 속에서 공산당섬멸 작전은 중단되지 않았다. 1933년 5월, 국민정부는 일본과 탕구塘沽정전협정을 맺었고, 일본에게 만리장성 북쪽의 영유권을 사실상 묵인함으로써 무력충돌을 회피했다. 중국 북부지역에서 일본과의 마찰이 봉합되자, 국민정부의 최우선 과제는 공산당 세력을 완전히 제거하는 것이 되었다.

1933년 10월, 국민정부는 40만 명 규모의 군대를 동원하여 다섯 번째 공산당섬멸 작전을 개시했다. 국민정부군은 주요 거점마다 방어 진지(토치카)를 구축하여 공산당의 강점이었던 홍군의 유격전을 무력화시켰고, 근거지의 사방을 포위해 나가는 전술을 펼쳤다. 또한 농촌에서 보갑제를 바탕으로 농민들이 연대 책임을 지게 하여 홍군과 연계되는 것을 차단했다. 근거지의 공산당은 생존에 필요한 기본적인 물자를 공급받기도 어려운 상황에 빠졌다.

1934년 10월, 공산당은 루이진으로부터 철수하기로 결정했다. 8만 여 명의 홍군은 국민정부군의 남쪽 포위망을 뚫고 탈출했고, 광시·후난성을 거쳐 서쪽으로 행군했다. 대장정이 시작된 것이다. 1935년 1월, 홍군은 구이저우貴州성 쭌이遵義를 점령했다. 공산당은 한동안 휴식을 가지면서 중앙정치국 확대회의(쭌이회의)를 개최했다. 마오쩌둥은 당 지도부의 군사적 실책을 강력하게 비판했고, 대다수 참석자들의 지지를 받았으며, 중앙정치국 상무위원으로 당 지도부에 복귀했다. 쭌이회의를 통해 마오쩌둥은 당내에서 권력을 확립하는 발판을 마련할 수 있었다. 1935년 10월, 공산당은 산시성 옌안延安에서 대장정을 마무리했고, 새로운 근거지를 구축했다. 11월, 국민정부군은 즉각 산시성의 공산당 근거지를 포위 공격했고, 홍군은 그 공격을 필사적으로 막아냈다.

국민정부가 여전히 공산당에 대한 적대감을 버리지 않고 있을 때, 중국의 여론이 들끓기 시작했다. 1935년 12월 9일, 베이핑北平=北京에서 학생들은 국민정부의 일본정책을 비판하는 시위를 벌였다(12·9운동). 학생들은 국민정부가 일본의 화북분리 공작에 편승하여 화북자치를 허용하고, 돈목방교령敦睦邦交令을 내세워 반일운동을 단속하는 것에 항의했다. 베이핑 학생들의 항일시위는 전국으로 확산되었고, 많은 항일구국단체들이 조직되었다. 학생과 단체들은 국민정부가 적극적으로 항일에 나서야 한다고 주장했다.

항일 여론이 높아지자 국민정부와 소비에트정부 사이에 협상이 진행되기도 했다. 장제스는 원래 일본이 세력을 확장하고 군사행동을 지속하게 되면 열강이 개입할 것이고, 장기적으로 열강의 힘을 빌려 일본을 내쫓을 수 있을 것이라고 지구전론을 구상했다. 한편 마오쩌둥은 재정과 군사적 측면에서 어려움을 겪고 있었고 소비에트혁명에서 항일통일전선으로 노선을 전환하라는 코민테른의 지시를 받은 상황에서 돌파구를 찾고 있었다. 국민당과 공산당은 친분이 있는 인사들을 통해 비밀리에 협상을 진행했다. 국민당은 소비에트정부와 홍군을 해체하고 국민정부군의 지휘를 받으라는 요구를 했다. 이에 공산당은 사실상 백기를 들고 항복하라는 요구를 받아들일 수 없었다. 공산당원들은 중국 북부지역에 대한 국민정부의 통제가 느슨해진 틈을 타서 당 조직을 재건했다.

일본은 탕구협정을 통해 국민정부로부터 묵인 받은 만리장성 북쪽 지역을 넘어서서 세력 확장을 시도했다. 1936년 1월, 일본정부는 산둥·산시를 포함하여 허베이河北·차하르察哈爾·쑤이위안綏遠 등 중국

북부 다섯 개 성을 중국으로부터 분리하는 화북분리를 국책으로 삼았다. 더 나아가 관동군은 몽골의 왕족 덕왕德王을 지원하는 방식으로 내몽골의 독립을 사주함과 동시에 중국 침략을 확대하면서 국민정부와 교섭하여 내몽골에서 양보를 얻어내려 했다. 하지만 장제스의 국민정부는 자신의 지구전론에 대한 확신으로 탕구협정에서 묵인한 선을 넘지 않으려 했고, 교섭은 결렬되었다.

1936년 12월, 장제스는 지구전을 통한 승리를 낙관하여 항일 여론을 묵살하면서 일본에 강경한 자세를 보이기 시작했고, 마지막이라는 각오로 공산당섬멸 작전을 준비했다. 마오쩌둥은 다시 한 번 국민정부군과 전면전을 벌이는 것을 걱정할 수밖에 없는 처지였다. 국공 양당 사이에 팽팽한 긴장감이 흐르고 있었는데, 12월 12일에 장쉐량이 단번에 상황을 뒤집는 시안西安사변을 일으켰다.

장쉐량은 장제스의 명령으로 1935년 가을부터 동북군의 15만 군대를 이끌고 옌안의 공산당 토벌에 참여했다. 공산당은 결사적으로 항전했고, 장쉐량의 군대에 큰 손실을 입혔다. 장쉐량의 가장 큰 염원은 일본으로부터 자신의 지역을 되찾는 것이었다. 12·9운동으로 국민정부에 대한 여론이 악화되었고, 내전을 중지하라는 요구가 강해지고 있었다. 1936년 4월 말에 장쉐량은 저우언라이와 만나서 홍군과 함께 항일전쟁에 나서기로 약속했다. 5월에는 소련으로부터 군사적 지원을 얻으려는 계산으로 공산당 입당을 신청하기도 했다.

장제스는 자신의 국내외 구상을 완수하기 위해 옌안에 있는 최후의 적을 제거해야만 했다. 1936년 12월 4일, 그는 장쉐량에게 공산당 토벌을 독려하기 위해 시안으로 갔다. 장쉐량은 양후청楊虎城과 함께 장제스에게 내전 중지와 일치항전을 거듭 간언했지만, 엄한 질책만 받았을 뿐이었다. 12월 12일, 두 사람은 최후의 방법으로 군대를 이끌고 다시 한 번 자신들의 요구를 받아들여 달라고 병간兵諫했다. 그럼에도 장제스가 뜻을 굽히지 않자, 그와 측근들을 감금했다. 양측은 사건의 평화적 해결을 위해 각각 황푸군관학교 시절 장제스의 부하였던 저우언라이와 영부인 쑹메이링宋美齡을 파견했다. 저우언라이는 국민정부의 홍군에 대한 지휘권을 인정하기로, 장제스는 공산당을 용인하고 항일전쟁에 함께 나서기로 약속함으로써 사건은 원만하게 마무리되었다.

공산당은 시안사변을 통해 위기로부터 탈출했고, 전열을 가다듬을 시간을 벌게 되었다. 난징으로 돌아간 장제스는 자신이 약속한대로 공산당과 연합하여 일본의 침략에 맞서는 항일전쟁에 나설 것 같았지만 진척이 더디었다. 1937년 7월 7일, 일본군이 루거우차오蘆溝橋 근처에서 군사훈련을 하는데, 총성이 들리고 병사가 실종되었다. 일본은 중국군의 소행이라면서 군대를 출동시켰고, 이를 계기로 중국에 대한 전면적인 침략을 개시했다. 전면전이 시작되자, 말뿐이고 지지부진하던 국공합작은 급물살을 탔다. 공산당은 옌안의 홍군을 팔로군八路軍으로, 화중과 화남의 홍군을 신사군新四軍으로 정비한 후 국민정부의 지휘를 따르게 했다. 1924년에는 국민당개조를 통해 공산당원이 국민당에 개인자격으로 입당하는(=흡수되는) 방식으로 협력했는데, 이번에는 공산당이 그대로 유지되었다. 이 점에서 양당의 규모는 여전히 크게 차이가 났음에도 불구하고, 진정한 의미의 국공합작이 이뤄진 것이었다.

국공내전

중일전쟁 초기에 일본은 전쟁을 단기간에 끝낼 계획으로 총력전을 진행했다. 1937년 11월에 국민정부군의 격렬한 저항을 이겨낸 뒤 상하이를 점령했고, 12월에는 이미 수도 난징을 접수했다. 국민정부는 충칭重慶을 임시수도로 삼았다. 일본군은 예상보다 힘든 전투에 지친 병사들에게 적절한 보상을 내리지 않았다. 그 대신 짐승처럼 난징 전역에서 온갖 약탈, 살인, 강간 등을 자행하도록 묵인했다. 난징대학살로 수십만 명의 중국인들이 생명을 잃었다. 수도 난징이 함락된 뒤에도 중국은 굴복하지 않았고, 전쟁은 장기화 국면에 접어들었다.

일본은 신속하게 국민정부의 항복을 받아내서 최대한 많은 이익을 챙기려 했다. 하지만 장제스는 공산당과 내키지 않는 합작까지 한 상황에서 전쟁을 중단할 수 없었고, 장기전을 준비하며 끝까지 항전하려는 계획을 세웠다. 전쟁이 자신의 의도대로 흘러가지 않게 되자, 일본은 정치적 퇴물들을 끌어들여 장쟈커우張家口의 몽강연합위원회

(1937.11.), 베이징의 중화민국 임시정부(1938.11.), 난징의 중화민국 유신정부(1938.3.) 등의 괴뢰정권을 세우고, 충칭의 국민정부를 배제하는 이간책을 썼다.

국민정부는 일본의 전면전에 맞서 공산당 군대를 자신의 지휘 아래 두고 항일전쟁을 전개했다. 1938년 4월 국민정부군은 타이얼좡台兒莊 전투에서 일본군을 괴멸시켰다. 일본군이 쉬저우徐州로 방향을 틀자, 장제스는 황허黃河의 제방을 허물어 진공을 막아냈다. 장제스의 작전은 공간을 확보함으로써 시간을 버는 것으로 지구전론의 연장선에 있었다. 마오쩌둥도 항일전쟁에서 전략적 퇴각·대치·반격을 구사하는 지구전론을 바탕으로 게릴라전을 전개했다.

국공 양측 지도자가 구상하는 실전 방식은 달랐지만, 전쟁의 장기적인 전략은 일치했다. 일본은 차츰 중국의 일치항전 대오 속에서 허우적거렸고, 전선은 교착상태에 빠지게 되었다. 전쟁 초기에 일본은 100만에 가까운 군대를 동원하여 드넓은 중국에서 주요 도시와 교통로를 점령함으로써 마치 중국을 통제 아래에 둔 것으로 착각했다. 하지만 주요 도시와 교통로는 중국대륙에서 단지 점과 선에 불과했고, 일본은 그 점과 선을 차지하고 있었을 뿐이었다.

전선이 교착상태에 빠지자, 중국은 국민정부가 통제하는 국통구, 공산당이 통제하는 해방구, 일본군이 점령한 윤함구淪陷區 등 세 지역으로 나뉘게 되었다. 중일전쟁을 진행하던 시기, 공산당은 옌안을 중심으로 하는 해방구 이외에도 윤함구의 농촌지역에 소규모 해방구들을 만들어나갔다. 장제스는 1924년에 공산당이 국민당으로 들어와서 자신의 조직을 지속적으로 확대했던 기억을 떠올렸고, 공산당에 대한 불신이 다시 커지기 시작했다.

1927년 4·12쿠데타 이후 10년 동안, 장제스는 일관되게 공산당을 중국의 미래를 함께 논의할 상대라기보다는 자신의 앞길을 막는 방해물이기 때문에 하루 속히 제거해야만 하는 대상으로 여겼다. 장제스는 쑨원의 권위에 눌려서 1924년 국민당개조를 받아들였고, 일본의 침략과 여론에 떠밀려 1937년 국공합작을 어쩔 수 없이 수용했다. 중일전쟁 초기에 일본은 전쟁을 단기간에 끝낼 계획으로 총력전을 진행했다. 장제스와 국민당은 중국에서 가장 큰 정치권력을 쥔 개인과 집단이었기 때문에 책임도 막중했다. 따라서 일본의 침략을 막아내기 위해 가능한 모든 역량을 집중해야 했다.

1940년 8월, 팔로군은 산시와 허베이성에 걸친 일본군 거점들을 공격하는 백단대전을 전개하여 큰 타격을 주었다. 일본군을 크게 물리친 이 전투는 장제스에게는 좋지 않은 소식이었다. 그는 공산당 세력이 확대되는 것을 더 이상 묵과할 수 없다고 판단했다. 1941년 1월, 환남皖南사변이 일어났다. 국민정부군은 정부의 명령을 받고 중국 북부지역으로 이동 중이던 신사군을 공격했다. 신사군 병사 9000명 가운데 2000명만 포위망을 뚫고 겨우 살아남았다. 국민당과 공산당의 합작은 사실상 붕괴된 것이나 마찬가지였는데, 어느 쪽도 관계 단절을 선언하지는 않았다. 그것은 중국 여론의 모든 비난을 감수해야 하는 일이었기 때문이다.

한편, 1939년 9월 제2차 세계대전이 발발했을 때, 일본은 이미 혼자 힘으로 중일전쟁을 마무리하는 것이 어렵다고 판단한 상황이었다. 일본은 전쟁 물자를 확보하기 위해 동남아시아까지 전선을 확대하고 독일·이탈리아와 동맹을 맺었다. 미국과 영국은 크게 반발했다. 특히 미국은 자국 내 일본 자산의 동결, 국민정부에 대한 차관 제공을 통해 일본을 압박했다. 1940년 7월, 일본은 미국·영국 등에 맞서 독일·이탈리아와 함께 기존의 국제정치 구조를 재편함으로써 압박으로부터 벗어나는 방법을 모색하기 시작했다. 1941년 12월, 일본은 진주만을 습격했고, 미국과 영국에 전쟁을 선포했다. 중일전쟁은 중일 양국의 전쟁에서 제2차 세계대전의 일부분으로 바뀌게 되었다.

전쟁이 장기화되고 전선이 확대되자, 국민정부는 대내외적으로 인정받는 공식 정부로서 책임이 점점 무거워졌고, 일본은 중국대륙에 자국의 전력을 집중할 수 없었다. 공산당은 두 세력에 비해 경제적·군사적으로 열세였고 근거지에서 일본군의 토벌을 막아내야만 했다. 여러 어려움에도 불구하고, 공산당은 농촌지역에서 비공산당원과 애국지주를 참여시킨 삼삼제三三制를 통해 지지기반을 지속적으로 넓혀갔다. 옌안에서는 학풍學風(주관주의)·당풍黨風(분파주의)·당팔고黨八股(형식적인 문장) 등 세 가지 작풍을 바로잡는 정풍운동을 통해, 소련 코민테른의 지휘로부터 자유로운 마오쩌둥 중심의 공산당 지도체제가 확립되었다.

1943년 1월, 연합국은 태평양과 유럽에서 강력한 반격을 시작했다. 9월, 이탈리아가 항복했고, 연합국은 전후구상을 시작했다. 11월, 미국·영국·중국의 정상이 카이로회담을 열었고, 일본의 조건 없는 항복, 타이완과 만주의 반환, 조선의 독립 등을 포함한 카이로선언을 내놓았다. 1944년이 되자, 궁지에 몰린 일본은 중국에서 완전한 승리를 바탕으로 전쟁을 유리하게 이끌기 위해 대륙타통大陸打通 작전을 펼쳤지만, 전세에 끼친 영향은 미미했다.

소련은 제2차 세계대전에서 철저하게 자국의 이익에 따라 행동하고 있었다. 일·소중립조약(1941)을 맺어 몽골인민공화국에서 이권을 보장받는 대신 만주국을 용인했고, 위구르인이 동투르키스탄공화국(1944)을 수립하는 데 도움을 주었다. 1945년 2월, 스탈린I. Stalin은 얄타회담에서 미국과 영국에 참전 대가로 뤼순旅順·다롄大連항 및 만주철도 관련 소련의 이권 보장 등을 비밀리에 얻어냈다. 장제스는 얄타회담의 결과를 듣고 주권에 대한 도전이라고 격분했지만 국제질서의 현실을 인정할 수밖에 없었다. 8월 14일, 국민정부는 동북지역의 주권, 신장新疆지역의 관리권, 공산당에 대한 지원 중단 등을 약속받는 중·소우호동맹조약을 체결했다.

1945년 8월, 전쟁이 끝났다. 장제스는 충칭으로 마오쩌둥을 초청했다. 10월 10일, 두 사람은 내전을 막고 정치협상회의를 통해 새로운 중국을 건설하자는 쌍십협정을 발표했다. 당시 국민정부군은 현대식 무기를 갖춘 430만 명, 홍군은 재래식 무기로 무장한 120만 명의 규모였다. 장제스는 공산당의 지역과 군대를 흡수할 계획이었다. 반면, 마오쩌둥은 이미 4월에 공산당이 국민정부와 대등한 지위를 갖는 연합정부론을 발표했다. 두 사람이 체결한 쌍십협정은 평화적 해결을 위해 노력했다는 것을 보여주기 위한 정치적 행위였다. 정치협상회의는 순조롭게 진행되기 어려웠다. 결국 국민당의 정보원과 폭도들이 공산당의 신문사나 기관들을 습격하면서 국민정부와 공산당의 불신은 증폭되었다.

1946년 6월, 산발적이던 국민정부군과 홍군의 전투가 시작되었다. 국민정부는 미국의 전폭적인 지원으로 1년여 만에 옌안을 점령했다. 하지만 국민정부는 일본과 똑같은 길을 걷고 있었다. 점과 선만을 차지했고, 공산당은 시간이 지나면서 농촌지역의 지지를 바탕으로 점과 선을 포위했다. 일본군이 물러난 뒤, 중국인들은 국민정부에게 큰 기대를 가졌다. 전국을 경제적으로 통합하기 위해 윤함구의 화폐를 낮은 보상금액으로 회수했는데, 윤함구의 물건들이 싼 값에 유통되면서 내륙의 산업을 몰락시켰고, 내륙의 화폐가치 상승은 전국의 인플레이션을 야기했다. 경제문제를 해결하기도 전에 내전이 벌어지자, 인플레이션은 걷잡을 수 없게 되었고 국민정부의 지지기반이던 도시의 여론이 돌아섰다.

내전이 시작된 지 2년 가까이 지난 1948년 봄부터 공산당은 승기를 잡기 시작했다. 전국에서 홍군이 승리했고, 해방구도 계속해서 늘어났다. 1948년 3월, 전세가 불리해진 상황에서도 장제스는 총통의 재선에 성공했다. 그는 비상상황이라는 이유로 총통의 권한을 강화했고, 장남을 입법원장에 앉혀 견제 받지 않는 권력을 쥐었다. 국민정부 안에서 장제스의 권력은 흔들림이 없었다. 하지만 국민정부 밖에서 장제스의 권위는 흔들렸고, 인민들로부터 위임 받은 권력은 연기처럼 그의 손에서 빠져나가고 있었다. 1949년 1월, 홍군이 베이징에 입성했고, 장제스는 총통에서 물러났다.

1949년 10월 1일, 마오쩌둥을 비롯한 중국공산당 지도부는 여러 정치세력의 대표자들과 함께 톈안먼의 망루에서 중화인민공화국의 수립을 선포했다. 중국 전역에서 국민정부군이 산발적으로 저항하고 있었지만, 이미 승패를 되돌릴 수는 없었다. 국민정부는 비밀리에 정부와 주요 기관들을 이전했다. 12월, 장제스는 50만 군대와 여전히 자신을 따르던 사람들을 이끌고 타이완으로 달아났다. 일부 국민정부의 관계자들은 홍콩이나 미국으로 탈출했다. 중국공산당은 미국의 전폭적인 지원을 받던 국민정부군과의 내전에서 농민의 지지를 바탕으로 승리했고, 창당 28년 만에 세계에서 가장 많은 인구를 가진 나라의 권력을 손에 쥐었다.

2장

중국공산당 통치의 제도화

중국공산당은 마오쩌둥의 강력한 지도력에 의지했고, 외세로부터 자유롭고 과거에 얽매이지 않은 새로운 중국을 건설하겠다는 열정으로 가득했다. 그 열정은 불가능에 가까워 보였던 내전에서 공산당이 승리하게 만들었다. 이제 권력은 공산당의 손에 들어왔다. 공산당은 중국에서 새로운 왕조가 들어설 때마다 그랬듯이 그 권력을 유지하고 사용하는 방법을 고민했다. 중화인민공화국은 중국대륙의 인민이 주인인 나라이다. 공산당은 인민을 위해, 인민을 받들고, 인민의 나라를 만든다는 명분으로 공산당의 통치를 제도화해나갔다.

인민민주독재

중화인민공화국의 수립을 선포하기 한 달 전, 1949년 9월에 중국 인민정치협상회의 제1차 전체회의가 열렸다. 이 회의에서 〈중국인민 정치협상회의공동강령〉(이하 〈공동강령〉)과 〈중앙인민정부조직법〉이 통과되었고, 오성홍기와 의용군행진곡이 각각 국기와 국가로 정해졌 다. 베이핑은 베이징으로 바뀌었고, 수도가 되었다. 마오쩌둥은 국가 주석, 저우언라이는 부주석으로 선출되었다. 〈공동강령〉에서는 중화 인민공화국을 신민주주의, 즉 인민민주주의 국가라고 규정했다. 국가 자본주의경제뿐만 아니라 사적 자본주의경제와 사유재산도 보호한 다고 했다. 당시 공산당은 정치적 주도권을 가지고 있었음에도 여전 히 중간파를 끌어들여서 정치적 안정을 꾀할 필요가 있었기 때문에 사회주의를 전면에 내세우지 않았다.

중국인민정치협상회의는 헌법이 제정되기 전까지 의회로서 기능 했다. 중국인민정치협상회의의 구성원은 지역, 인민해방군, 정당, 사 회단체 등에서 지명된 588명의 대표였고, 과거 농촌혁명을 전개하던 때처럼 공산당·좌파·중립파 등이 1/3씩 자리를 차지하는 삼삼제를 적용하여 구성되었다. 가장 중요한 임무는 헌법을 제정하는 일이었다. 회의가 열리지 않는 시기에는 마오쩌둥이 이끄는 중앙인민정부위원회가 최고 국가기구였다. 중국인민정치협상회의에는 다양한 계층에서 명망가들이 초빙되었고, 법률과 행정 제도를 갖추는 작업을 진행했다.

법정 행정구역이 갖춰지기 전까지 전국은 동북·화북·서북·화동·중남·서남 등 6개 대행정구大行政區로 나뉘어 관리되었다. 대행정구는 공산당이 국민정부와 내전을 벌일 때 만들어진 작전 구역의 편제를 따른 것이었다. 각 구에는 가오강高崗, 류사오치劉少奇, 펑더화이彭德懷, 천이陳毅, 린뱌오林彪, 덩샤오핑鄧小平 등이 파견되었고, 인민해방군을 이끌고 부임했다. 그들은 전투를 통해 단련된 인물들이었고, 중앙인민정부를 대표하여 파견된 지역에서 군사와 행정을 장악했다. 당시 중국은 군벌전쟁, 북벌, 일본침략, 내전 등을 거치면서 분권적인 성향이 강했다. 공산당 내에서 탄탄한 기반을 가지고 있던 실력자들은 각 구에 파견되어 질서를 잡고 중앙인민정부의 정책을 효과적으로 관철시킬 수 있었다.

1954년 9월, 〈공동강령〉을 바탕으로 중화인민공화국 헌법이 제정되었다. 중화인민공화국의 헌법 제1조는 "중화인민공화국은 노동자계급이 영도하는 노동자와 농민의 연맹에 기초한 인민민주국가이다"라고 규정했다. 제2조는 "중화인민공화국의 모든 권력은 인민이 소유한다. 인민이 국가권력을 행사하는 기관은 전국인민대표대회와 지방의 각급 인민대표대회이다"로 시작했다. 제1조와 제2조의 첫 문장은 각각 중국이 어떤 국가형태를 갖고, 주권이 누구에게 있는지를 규정했다. 1975년과 1978년의 개정 헌법에서는 "인민민주국가" 대신에 "무산계급독재專政의 사회주의국가"라고 했고, 1982년 이후에는 "인민민주독재의 사회주의국가"라는 용어를 사용하고 있다.

헌법에 규정된 통치 방식을 간단하게 정리하면, 중국은 공산당 중심으로 인민민주독재를 시행하는 사회주의국가이고, 모든 권력은 인민이 소유한다는 것이다. 다시 말해서, 중국에서 인민은 모든 권력을 소유하지만, 공산당이 중심이 되어 인민민주독재를 시행한다. 대한민국의 기초의원에 해당하는 향鄕과 진鎭의 인민대표는 직접선거로 선출되고, 광역의원에 해당하는 시市와 성省의 인민대표는 간접선거로 선출된다. 인민을 대리하는 대부분의 대표들은 인민이 직접선거를 통해 선출하는 것이 아니라, 간접선거에 의해 선출된다. 따라서 중국의 인민이 권력을 소유한다는 것은 수사적인 표현이다. 사실 공산당이 헌법에 명시된 인민민주독재를 시행하는 주체로서 권력을 소유한다. 따라서 인민민주독재는 공산당독재와 같은 의미이다.

중국에서 선거에 의한 권력의 교체가 향과 진에서는 가능할 수도 있다. 하지만 그보다 상급 행정기구와 중앙기구로 올라가면 사실상 선거에 의한 권력교체가 불가능하다. 중국에서도 공산당 이외에 중국국민당혁명위원회, 중국민주동맹, 중국민주건국회, 중국민주촉진회

등 8개의 정당이 활동하고 민주당파로 불린다. 공산당 당원은 1949년 450만 명에서 출발하여 2019년 현재 9100만여 명으로 늘어났다.[*] 민주당파는 2017년 현재 118만여 명으로 공산당과 비교도 되지 않을 정도로 적다. 공산당 이외의 정당이 중국에서 활동하는 것은 사실이다. 하지만 다양한 정당의 활동을 보장하는 것은 공산당의 독재가 아니라 중국에서 민주주의가 시행되고 있다는 것을 보여주기 위한 수단일 뿐이다.

인민민주독재는 〈공동강령〉과 제헌 헌법에서 단지 "인민민주주의"로 표현되었다. 문화대혁명이 끝난 뒤, 헌법 개정을 통해 인민민주주의는 "무산계급독재"(1975)를 거쳐 "인민민주독재"(1982)라는 이름으로 용인되고 정당화되었다. 공산당이 이뤄낸 역사적 성취는 공산당에게 인민민주독재를 담당하는 정통성을 부여했고, 군대는 그 정통성에 권위를 부여했다. 공산당의 홍군은 강력한 국민정부군으로부터 불가능하게 보였던 승리를 이끌어냈다. 내전이 시작되면서 홍군 120만 명은 인민해방군으로 재편되었고, 내전을 거치면서 국민정부군과 농민군을 흡수하여 280만 명으로 증가했다. 국민정부가 타이완으로 달아

---

[*] 중국공산당 당원 홈페이지는 각종 통계자료를 공개한다. 매년 12월 31일을 기준으로 당원 수와 관련된 통계가 공개된다. 본문의 당원 수는 2019년 12월 31일 기준이고, 9191만 4000명이다. 다음을 참조. 共産黨員網, www.12371.cn. 민주당파의 당원 수는 중화인민공화국 중앙인민정부 홈페이지 八大民主黨派, http://www.gov.cn/guoqing/2017-12/31/content_5269697.htm(2017년 12월 31일 게재되고, 2020년 3월 9일에 수정되었음) 참조.

난 뒤, 중국대륙의 권력은 마오쩌둥을 중심으로 위계질서가 만들어진 공산당의 손에 있었다. 인민해방군은 공산당의 권력을 떠받치는 핵심 요소였다.

중앙인민정부가 수립된 후에도 여전히 국내외에서 새로운 정부에 대한 위협이 엄존했다. 중남부 지역은 국민정부의 세력이 강했던 곳이었고, 여전히 퇴각하지 못한 군대가 산간벽지에 남아 있었다. 그것은 마치 1920~30년대에 공산당이 장시성에서 국민정부의 섬멸 작전에 맞섰던 것과 유사했다. 이러한 상황은 공산당에게 강한 통제를 정당화할 수 있는 명분을 제공했다. 중앙인민정부는 혁명을 통해 인민을 위해 인민민주주의 국가를 수립했고, 인민민주주의를 수호하기 위해 당분간 인민의 민주주의를 제한할 수밖에 없다는 논리였다. 그리고 인민으로부터 민주주의를 빼앗으려는 반혁명세력을 막아내는 전위세력은 바로 공산당이고, 인민해방군은 공산당의 공명정대한 힘을 상징했다.

공산당 중앙은 전국에 걸친 광범위한 조직망을 구축하고 사상교육을 진행함으로써 중국 사회 곳곳으로 세력을 확장했다. 공산당의 지부는 지역뿐만 아니라, 행정기관·기업·학교 등 업무 기관별로 조직되었고, 사회의 거의 모든 분야를 망라했다. 당원이 3~5인만 되어도 기층조직으로서 당 지부가 만들어졌다. 농촌의 농민으로부터 지방행정조직, 도시의 국가기관과 기업 및 사회단체 등에 이르기까지 사회 곳곳에 다양한 등급의 직책을 가진 공산당 조직이 촘촘하게 만들어졌다. 중국의 역사에서 명·청 시대 과거제를 기반으로 탄생한 향신층이 사라진 이후 공산당만큼 대규모로 전국에 걸친 조직망을 구축하고 인재를 확보한 사례는 없었다.

공산당 조직이 빠르게 전국 곳곳으로 확대되고 주류가 될 수 있었던 이유는 무엇일까? 첫째, 인민해방군이라는 강력한 군대가 있었다. 인민해방군은 국민정부군이 달아난 자리에서 신속하게 질서를 회복했고 인민들에게 안전을 지켜줄 수 있다는 신뢰와 대항할 수 없다는 두려움을 동시에 안겨주었다. 인민해방군이 버티고 있었기 때문에, 1930~40년대 해방구에서의 경험을 바탕으로 공산당은 비교적 순조롭게 조직을 확장할 수 있었다.

둘째, 중국혁명이 가진 특징에서 찾을 수 있다. 청나라 말기에서 중화민국을 거치는 동안 열강은 한 세기 반이 넘게 중국에게 굴종적인 자세를 요구했다. 지식인들을 중심으로 하여 중국인들은 열강의 압력으로부터 자유로운 국가를 꿈꾸었다. 그 자유로운 국가는 강력하고 질서 잡힌 군대와 정부를 필요로 했다. 공산당은 바로 그 군대와 정부를 갖고 있었기 때문에 인민들 속으로 빠르게 흘러들어갈 수 있었다.

셋째, 국민정부가 보여주었던 부패하고 무능한 이미지에 대한 반감이 있었다. 국민당이 주도하던 국민정부는 일본군이 물러난 뒤에 중국에서 가장 시급히 해결해야 했던 경제문제를 제대로 관리하지 못하면서 여론으로부터 멀어졌다. 공산당은 그 틈을 타고 인민의 마음속에 파고들었다. 공산당은 과거의 중국에 구중국舊中國이라는 딱지를 붙이고, 중화인민공화국 수립 이후의 중국을 신중국新中國이라고 이름을 붙임으로써 과거와 단절하고 자신들의 정책을 차별화하는 전략을 사용했다.*

공산당은 강한 군대와 조직을 바탕으로 중앙 권력을 장악했고, 중국인민정치협상회의를 통해 여러 정파의 명망가를 끌어들여서 지지기반을 확대했다. 1954년 헌법이 제정되면서 공산당은 "노동자계급이 영도하는" 인민민주주의국가에서 노동자계급을 대표하는 정당으로서 사실상 독점적으로 권력을 행사하는 힘을 보장받게 되었다. 1982년 개정헌법은 인민민주독재를 명문화했고, 공산당의 독점적 권력을 더 분명하게 적시했다.

당·국가체제

중국공산당의 통치를 한마디로 요약하면 당·국가체제이다. 당·국가체제는 당이 국가를 다스리는 것(이당치국以黨治國)으로, 독점적 권력

---

* 1943년 장제스는 《중국의 명운》에서 "국민당이 없으면 중국은 없다"고 했다. 《해방일보》는 사설에서 "공산당이 없으면 중국이 없다"라고 반박했다. 작곡가 차오훠싱曹火星이 그 제목으로 노래를 만들었다. 마오쩌둥은 중국 앞에 '신新'자를 추가했고, "공산당이 없으면 신중국도 없다"로 바꾸었다. 중화인민공화국 수립 후, 〈공산당이 없으면 신중국도 없다〉라는 노래는 광범위하게 불렸다.

을 지닌 정당이 중국의 특수한 상황을 고려하여 책임정치를 구현하려는 것으로 이해될 수도 있다. 하지만 여러 정당의 활동이 보장됨에도 불구하고, 현실적으로 공산당 이외의 정당이 집권할 가능성이 거의 없다는 점에서 일당독재로 비난받을 여지도 충분하다.

중국에서 당·국가체제는 중국공산당에 의해 처음으로 등장한 것이 아니다. 1920년대 중반에 국민당이 시행한 것이다. 1922년, 소련 정부는 천중밍陳炯明이나 우페이푸에게 협력을 타진했으나 거절당했다. 1923년, 소련정부의 특사 요페Joffe가 상하이에 있던 쑨원을 방문하여 협력할 것을 제안했고 쑨원이 제안을 받아들였다. 국민당은 개조를 통해 당이 중심이 되어 국가를 통치하는 당·국가체제의 기초를 다졌다.

1928년 북벌에 성공한 뒤에는 훈정체제로 불리는 당·국가체제를 확립했다. 훈정체제는 군부가 통치의 중심이 되는 군정軍政과 헌법에 의해 통치되는 헌정憲政의 중간단계에 속하고, 국민이 민주주의를 이해하고 행사할 만한 수준에 이르도록 훈육하는 단계였다. 국민당은 국민을 훈육하는 일을 담당했다. 〈훈정대강초안〉(1928)과 〈중화민국 훈정시기약법〉(1931)에서 당의 결정은 법률과 같은 효력을 가진다고 규정했다. 당은 회의의 결의를 통해 법률을 취소하거나 변경할 수도 있었다. 집권당의 결정이 법률보다 우위에 있다는 점에서 국민당의 당·국가체제가 일당독재로 불리는 것도 전혀 이상하지 않았다.

국민당의 당·국가체제를 떠받쳐준 것은 문화나 경제적으로 발전한 도시와 항구 지역이었다. 국민당은 5·4운동 이후 반제국주의, 반군벌의 민족주의가 성장하면서 탄생했고, 그 민족주의의 중심이 도시와 항구였기 때문이다. 그런데 국민당은 중앙집권을 강화하는 과정에서 자신의 지지기반이었던 도시와 항구에서 자유와 민주주의를 억압했고, 민족자본보다 국제자본의 발전을 옹호했다. 관세자주권의 회복을 통해 재정수입을 증가시킬 수 있었지만, 그 수입을 유지하기 위해 국제무역을 보호했고, 그로 인해 경쟁력이 약한 민족자본이 쇠퇴했던 것이다.

당·국가체제가 농촌지역까지 흘러들게 만들기 위해서는 농민의 지지를 확보해야만 했다. 농촌지역에서 국민당의 지지기반은 취약했다. 중일전쟁 전까지 국민당의 당원은 2/3가 군인이었고, 나머지 1/3이 농촌지역의 호족이었다. 인구가 가장 많았던 일반 농민은 국민당에서 소수에 불과했다. 국민당의 당·국가체제에서 농촌정책, 특히 삼민주의 가운데 토지를 평등하게 소유한다는 평균지권平均地權은 실행되지 않았다. 국민들을 과거의 유교적 틀에 묶어두려는 신생활운동으로는 지지를 확대할 수 없었다. 국민당의 입장에서는 북벌에 성공한 이후 군벌 정리, 공산당섬멸 작전, 일본의 만주침략 등으로 정치안정과 경제성장을 이룰 시간이 부족했다고 하소연할 수도 있다. 하지만 권력에는 책임이 따른다. 선의든 악의든 비판과 공격을 이겨내야 권력을 유지할 수 있다.

중국공산당은 인민의 지지를 잃은 국민당을 대신하여 권력을 손에 쥐었다. 공산당은 국민당의 부패와 무능을 공격했는데, 당이 중심이 되어 국가를 통치하는 당·국가체제는 계승했다. 그러나 국민당이 국민정부 수립 후부터 당·국가체제를 명문화했던 것과 달리, 공산당은 1954년 헌법에서도 당·국가체제를 명문화하지 않았고, 1982년이 되어서야 비로소 그것을 명문화했다. 왜 그랬을까? 중화인민공화국은 건국 초기에 인민민주국가를 표방했고, 마오쩌둥을 비롯한 공산당 지도부는 사회주의국가로 나아가는 역사적 흐름 속에서 10~15년의 과도기가 필요하다고 여겼다. 인민민주국가를 표방했기 때문에 훈정을 표방한 국민당과 달리, 공산당이 국가를 통치한다는 점을 헌법에 규정하기 어려웠다.

도표1은 중국에서의 당·국가체제를 보여주고 있다. 전국인민대표대회는 대한민국의 국회에 해당하는 기구이고, 표면적으로 행정과 사법부보다 더 위에 있다. 행정부를 이끄는 국무원 총리를 선출하고, 사법권을 행사하는 최고인민법원과 최고인민검찰원을 감독하는 권한을 갖고 있다. 그림에서 점선 상자 안에 있는 것이 중국정부이다. 국가 주석은 중국정부를 이끄는 역할을 하고, 대외적으로 중화인민공화국을 대표한다.

이론적으로 인민민주국가인 중화인민공화국에서 최고의 권력기구는 인민을 대표하여 선출된 전국인민대표대회이고, 그 상무위원장이 최고 권력자가 되어야 한다. 하지만 실제 당·국가체제의 중화인민공화국에서 가장 강력한 권력기구는 중국공산당 중앙이고, 당 중앙에서

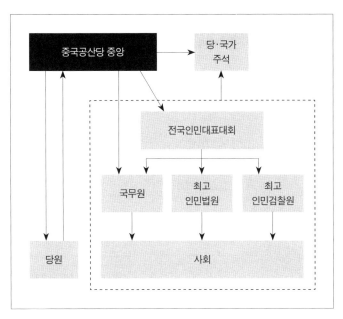

도표1 중화인민공화국의 당·국가체제

선출된 중국공산당 주석이 최고 권력자이다. 마오쩌둥은 당과 국가
주석을 겸직했고, 명실상부하게 최고 권력자가 되었다. 1976년 마오
쩌둥 사후, 2016년까지 그를 존중하기 위해 당 주석 대신에 당 총서
기가 국가 주석을 겸직했다.

　도표2는 중국공산당 조직의 구성을 보여준다. 중국공산당 조직의
이론적인 위계질서는 중국공산당 전국대표대회가 가장 위에 있다. 하
지만 실제적인 위계질서는 총서기가 가장 위에 있다. 현실에서의 권
력도 마찬가지이다. 총서기는 당 주석과 국가 주석을 겸직하고, 막강

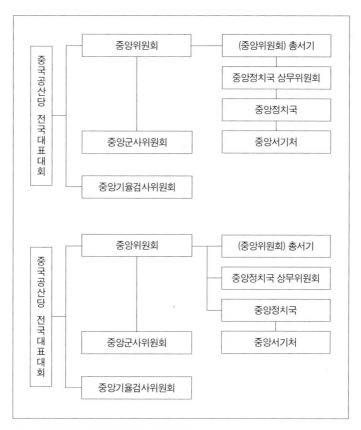

도표2 중국공산당 조직의 이론(위)과 실제(아래)

한 권력을 갖게 된다. 중국공산당 전국대표대회는 5년에 한 번씩 열리기 때문에 대회가 열리지 않는 시기에 실무를 처리하기 위한 기구가 필요하다. 그 기구가 중앙위원회와 중앙기율검사위원회이다. 중앙위원회는 일반적인 실무를 담당하고, 기율검사위원회는 공산당 내 관리들의 위법행위를 조사하고 감찰하는 업무를 담당한다.

당·국가체제에서 중심은 중앙정치국이다. 중앙정치국 위원은 건국 초기 13명에서 2020년 현재 25명으로 증가했다. 중앙정치국 위원들 가운데 중앙정치국 상무위원이 선출된다. 이들이 구성하는 중앙정치국 상무위원회는 중화인민공화국에서 핵심 권력기구이다. 보통 7~9명의 상무위원으로 구성되고, 공문서와 공식석상의 순서가 권력서열을 의미한다. 중앙위원회는 중앙정치국 위원을 포함하여 200명 안팎의 중앙위원과 150명 안팎의 후보위원으로 구성된다. 1956년 9월, 중국공산당 제8기 전국대표대회가 열렸는데, 이 회의는 건국 후의 첫 전국대표대회였다. 회의에서 마오쩌둥, 류사오치, 저우언라이, 주더, 천윈陳雲, 린뱌오, 덩샤오핑 등 7인이 중앙정치국 상무위원으로 선출되었다. 이들은 당시 중국에서 가장 영향력 있는 인물들이었다.

당·국가체제의 위계질서는 우리에게 근본적인 의문을 갖게 한다. 도표1과 도표2에서 중국공산당 중앙을 견제하는 장치가 보이지 않는다. 그렇다면 공산당 내부에 문제가 발생했을 때 무슨 방법으로 해결할 것인가? 중화인민공화국 초기에 새로운 국가를 건설하기 위해 활력이 넘쳤을 때는 권력의 집중이 문제로 부각되지 않았다. 하지만 시간이 지나면서 견제 받지 않는 권력의 문제가 보이기 시작했다(이에 관해서는 4, 5장에서 서술한다).

양회兩會

중국인민을 대표하는 최고의 권력기구 전국인민대표대회와, 공산당과 정부에 정책을 자문해주는 중국인민정치협상회의를 합쳐서 양회라고 부른다. 중화인민공화국에서 실질적으로 가장 강력한 권력기구는 중국공산당 중앙정치국이다. 전국인민대표대회는 형식적으로 중국인민의 대표들이 국가의 중요한 정책을 논의하고 결정하는 회의이다. 중앙정치국 상무위원회의 상무위원들은 중국인민들에게는 너무 멀리 있는 큰 권력자들이다. 전국인민대표는 상대적으로 인민들에게 가까이 있는 존재들이다. 그들은 중국의 인민들이 일상에서 만나거나 마주칠 수 있는 작은 권력자들이다. 인민들 가운데 명망가들은 중국인민정치협상회의의 위원으로서 당의 정책에 힘을 실어준다.

전국인민대표대회는 매년 열리고 5년마다 대표의 구성에 변화가 있다. 1954년, 제1기 전국인민대표대회가 열렸고, 1227명 대표의 임기가 시작되었다. 1964년, 제3기 전국인민대표대회가 열렸고, 3040명 대표의 임기가 시작되었다. 2018년, 제13기 전국인민대표대회가 열렸고, 2980명 대표의 임기가 시작되었다. 1978년 제5기 때 3497명의 대표가 있었던 것을 빼면, 전국인민대표는 약 3000명 정도이다.

2020년 현재 중국 인구를 대략 15억, 전국인민대표를 3000명으로 계산하면, 그 인구 비율은 50만 명당 1명 정도이다. 대한민국의 국회의원이 17만 명당 1명 정도인 것과 비교하면, 많은 인원이라고 보기는 어렵다. 전국인민대표의 경우 지역별로 인구비례에 의해 인원이 배정되고, 향鄉과 진鎭 위의 상급 행정단위 대표들이 간접선거로 선출된다. 특이한 점은 전국인민대표에는 하나의 중국 정책을 보여주기 위해 상징적으로 타이완 대표도 포함되어 있다.

인민의 대표로서 전국인민대표는 네 가지 주요 의결에 참여한다. 첫째, 입법권이다. 헌법과 법률을 제정하고 개정하는 회의에 참여하여 의결권을 행사한다. 둘째, 예결산과 주요정책 비준권이다. 경제개발계획, 국가의 예산과 결산, 그리고 전쟁 및 국가비상사태 등을 선포하는 것에 대한 비준 회의에 참여하여 의결권을 행사한다. 셋째, 고위 공직자의 임면이다. 국가 주석과 부주석, 국무원 총리, 중앙군사위원회 주석, 최고인민법원장, 최고인민검찰원장 등을 선출하거나 파면하는 회의에 참여하여 의결권을 행사한다. 넷째, 행정 감독권이다. 국무원을 비롯한 국가기관의 활동을 감독하는 권한을 갖는다.

도표3은 전국인민대표대회를 포함하여 사법부와 행정부의 관계를 보여준다. 전국인민대표대회는 행정부를 이끄는 국무원 총리, 최상급 법원을 이끄는 최고인민법원장, 최상급 검찰원을 이끄는 최고인민검찰원장 등을 선출한다. 입법부에서 행정부와 사법부를 이끄는 수장을 선출하는 것은 민주주의의 삼권분리 원칙에 위배되는 것으로 보인다. 동아시아에서 민주주의국가인 대한민국에서는 행정부의 수장인 대통령이 사법부를 이끄는 대법원장 후보자를 지명하면 국회의 인사청문회를 거쳐 대통령이 임명한다. 일본에서는 의회에서 총리가 선출

도표3 중국의 입법, 행정, 사법부 조직

되고, 총리를 중심으로 하는 내각이 의회를 해산할 수 있다. 삼권분립
이 엄밀하게 이뤄지지 않고 있는 것이 단지 사회주의국가이기 때문만
은 아니다.

　전국인민대표대회는 헌법상 인민의 의사를 반영하는 최고의 권력
기구임에도 불구하고, 1년에 한 번 열리는 대회는 진정한 의미의 권
력기구로 기능하기 어렵다. 1990년대 초 산샤三峽댐 건설과 관련하여
전국인민대표대회에서 논쟁이 벌어진 사례가 있기는 하다. 하지만 대
체로 전국인민대표대회는 정부의 정책을 찬성하는 거수기의 성격을
지닌 기구이다. 왜냐하면 대회에 참석하는 전국대표들은 개개인이 중
앙정부와 중국공산당에 의해 선출된 인사들이기 때문이다. 대회에서
가장 중요한 일은 총리가 정부보고서를 읽고 기자회견을 진행하는 것

이다. 대회가 끝나면, 150명으로 구성된 전국인민대표대회 상무위원회에서 국가의 공무를 처리하게 된다. 이것은 실제적으로 중국정부에서 가장 중요한 정책을 논의하고 집행하는 최고 의사결정기구가 전국인민대표대회 상무위원회임을 의미한다.

현재 전국인민대표대회가 열리는 기간에 중국인민정치협상회의도 열린다. 중국인민정치협상회의의 기능은 시대에 따라 변화가 있었다. 1949년, 중국인민정치협상회의에는 중국공산당을 포함하여 23개 단체에서 134명이 참여했다. 회의의 위원들은 공산당뿐만 아니라 다양한 지역과 조직의 전문가나 명망가로 구성되었다. 그들은 건국 초기에 중국공산당의 지지기반을 넓히고 여론의 지지를 확대하는 역할을 했다.

1954년, 정식 헌법이 제정된 뒤에도 중국인민정치협상회의는 해산되지 않았다. 당시 회의의 위원 수는 45개 단체 662명으로 늘어난 상태였다. 여전히 다양한 전문가와 명망가들이 위원으로 참여하여 중국공산당만이 정부를 이끄는 독단적인 모습을 약화시키는 데 도움을 주었다. 하지만 이후 중국인민정치협상회의의 위상은 낮아지게 된다.

1978년, 중국인민정치협상회의의 위원은 1988명으로 늘어났다. 2020년 현재 위원은 2149명으로 중국공산당 전국인민대표의 숫자와 비교하면 크게 늘어나지 않았다. 중국인민정치협상회의의 위원들이 가진 규정상의 권한이 현실에서 제대로 행사될 수 없고 정치적 위상

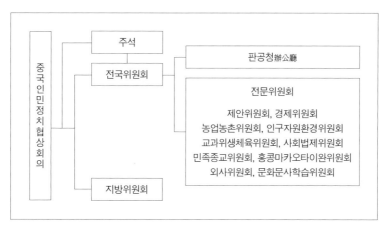

도표4 중국인민정치협상회의 조직

도 높지 않다. 위원들은 정부기관뿐만 아니라 전국인민대표대회까지 감독할 수 있고, 필요할 경우 전국인민대표대회 회의에 참석하여 토론을 진행하기도 한다. 하지만 위원들은 투표권을 갖지 못한다. 전국인민대표대회는 헌법의 규정에 따라 구성된 국가기관이고, 중국인민정치협상회의는 헌법 전문前文에 따라 자체적인 규정에 의해 운영되는 기관이다. 따라서 두 기관은 양회로 묶여서 불리지만, 현실에서 정치적 영향력이 다를 수밖에 없다.

양회에서는 전국인민대표대회가 중국인민정치협상회의보다 더 큰 영향력을 갖는다. 하지만 전국인민대표대회의 영향력은 중국공산당 전국대표대회보다 낮다. 당·국가체제는 중국공산당의 주도 아래 인민민주독재를 시행한다. 따라서 인민의 민의를 반영하기 위해 조직된

양회는 매년 개최되더라도, 5년마다 개최되는 중국공산당 전국대표
대회가 더 큰 영향력을 갖고 있다.

지방정부

진시황은 통일제국을 세우고 군현제를 실시했다. 그 뒤 하나의 왕
조가 중국을 통치하는 중앙집권적인 행정제도는 통일과 안정을 상징
했고, 여러 왕조가 분립하거나 절도사·군벌 같은 지역 세력이 할거하
는 상황은 분열과 혼란으로 받아들여졌다. 최상급 행정구역은 군郡,
주州, 도道, 로路 등을 거쳐 명·청 시대에 이르러 성省이 되었다. 현縣
은 진나라의 군현제 이래 중국의 중심이 되는 행정구역이었고, 그 위
의 행정구역이 변화를 겪는 과정에도 유지되었다. 현 아래의 향과 진
은 대체로 자연촌락이었는데, 오랜 시간을 거치면서 기초 행정구역으
로 자리를 잡았다.

중화민국은 중국국민당이 당·국가체제로 통치했는데, 동북지역은
일본의 영향 아래 있었고 서북지역도 완전하게 통치영역으로 확보하
지 못했다. 국민정부는 대륙에서 통치체제를 완비할 수 있는 시간이
없었고, 내전에서 패배한 이후에는 타이완만을 통치영역으로 삼고 있
다. 중화인민공화국은 연해주를 제외하면 청나라 때의 통치영역을 대
체로 회복했고, 청나라 때의 행정구역을 바탕으로 역대 왕조에서 시

행한 중앙집권적인 행정제도를 갖춰나갔다.

건국 초기, 중앙인민정부는 지방을 6대 대행정구로 나누었다. 중앙에서 파견된 실세들은 대행정구를 관리하고 공산당의 조직을 뿌리내렸다. 1954년 전국인민대표대회가 구성되고 헌법이 제정되면서 자연스럽게 행정구역도 정식으로 출범하게 되었다. 2020년 현재 중국에는 23개 성, 4개 직할시, 5개 자치구, 2개 특별행정구역 등 34개의 성급 행정구, 2852개의 현을 포함한 3186개의 현급 행정구, 4만 3500개의 향·진급 행정구가 있다.* 제도적인 측면에서 지방정부는 중앙정부의 축소된 형태를 갖고 있다. 전국인민대표대회에서 국무원 총리를 선출하여 중앙정부의 행정을 맡겼던 것처럼, 성·현 및 향·진의 인민대표대회는 각각 성 지방정부, 현 지방정부, 향·진 지방정부의 수장을 선출한다(도표5 참조). 소수민족을 위한 특수행정구역에는 성급의 자치구自治區, 성과 현의 중간에 해당하는 자치주自治州, 현에 해당하는 자치현自治縣 등이 설치되었다.

행정조직의 가장 밑에는 거민위원회와 촌민위원회가 있다. 거민위원회는 도시지역에서 대한민국의 주민센터에 해당하는 가도판사처

---

* 중국의 행정구역은 3급체계나 4급체계로 나뉜다. 본문은 3급체계로 나눈 것이다. 4급체계로 나누게 되면 현급 행정구에 포함된 지급地級 행정구 334개를 따로 구분하여 성급과 현급 행정구 사이에 둔다. 부성급副省級 시, 자치주自治州, 지구地區, 맹盟 등이 포함된다. 지구는 몇 개의 지역을 합해서 관리하기 위해 만든 형식적인 구분이다. 맹은 내몽골자치주에 설치된 특별행정구역으로 3개가 있다.

중앙정부
(국무원)

성 정부

시 정부

현 정부

가도판사처

향-진 정부

거민위원회

촌민위원회

도표5 중국의 지방정부

街道辦事處 아래에 주민들로 구성된 조직이다. 촌민위원회는 대한민국의 읍면사무소에 해당하는 향·진 정부 아래에 주민들로 구성된 조직이다. 두 위원회는 왕조 시대 중국의 이갑제나 보갑제처럼 주민들에게 국가정책을 홍보하고 주민 간의 분규를 해결하고, 사회치안을 확립하는 기능을 한다.

다른 요소의 개입이 없다면, 중국의 지방정부는 중앙과 독립된 형태로 행정을 담당할 수 있다. 하지만 중화인민공화국은 당·국가체제를 갖고 있다. 중국공산당이 입법, 행정, 사법의 중심이고, 당의 조직은 정부기관을 관리·감독한다. 인민민주독재를 주도하는 당 조직은 위계질서에서 중앙정부보다 위에 있다. 행정을 담당하는 국무원도 당의 지휘를 받는다. 국무원 아래에는 성급, 현급, 향·진급 지방정부가 있다. 일반적인 민주국가와 달리, 중국의 당·국가체제에서 정부와 당의 역할을 명확하게 구분하기 어렵다. 사실상 명확하게 구분되는 경계가 없다. 당이 국가인 것처럼 당이 정부이기 때문이다. 따라서 중국의 지방은 중앙정부의 관리와 감독으로부터, 중앙정부는 다시 당의 관리·감독으로부터 자유로울 수 없다.

중앙정부에서 국무원 총리는 상무위원회를 통해 중앙 행정업무를 관리·감독한다. 상무위원회 아래에는 27개 부처가 있어서 각각의 업무를 담당하고, 각 부처에는 지방정부에 해당 업무를 지시하거나 보고를 받은 부서가 설치되어 있다. 이론적으로 지방정부는 중앙정부보다는 지방 인민대표대회의 관리·감독을 받게 된다. 하지만 중앙정부와 마찬가지로 지방 공산당 조직은 지방정부를 관리·감독하기 때문에 지방에서도 당 조직은 다른 어떤 조직보다 우위에 있다.

지방정부가 중앙정부로부터 자치를 보장받기 어려운 이유는 당·국가체제라는 정치적 측면 이외에 재정적인 측면도 간과할 수 없다. 중화인민공화국은 건국 이후 1970년대 말까지 계획경제체제였고, 재정 분야에서도 계획경제에 발 맞춰서 통수통지統收統支제도를 시행했다. 통수통지는 한솥밥 먹기(츠다궈판吃大鍋飯)로 비유되기도 한다. 지방정부는 지역에서 거둬들인 세금을 중앙정부에 모두 상납했고, 중앙정부가 각 지방별로 일정액을 재분배했다. 중앙정부는 재정권한을 독점했고, 전국의 재정 수입과 지출을 계획하고 통제했다.

통수통지제도는 효율적인 측면도 있었다. 중화인민공화국은 전쟁과 내전을 거친 뒤에 수립되었기 때문에 경제를 재건하고 부흥시키는 것이 중요한 과제였다. 중앙정부는 부족한 재원을 효율적으로 사용하기 위해 재정을 통제할 필요가 있었다. 중앙정부가 국방, 외교, 사회기반시설 투자를 비롯하여 교육, 문화, 의료, 주택 등 거의 모든 분야를 관리했다. 지방정부는 지역 개발과 현안 문제를 해결하기 위해 늘 재정을 확보할 필요가 있었다. 따라서 충분한 예산을 확보하려면 지방정부는 중앙정부의 지시와 감독에 순종적일 수밖에 없었다.

개혁개방 이후 중국정부는 계획경제에 시장경제를 접목했고 재정제도의 개혁도 필요하게 되었다. 1982년, 중국정부는 시장경제와 함께 재정분권을 실시했다. 중앙정부와 지방정부는 수입과 지출을 나누어 관리하는 재정책임제를 도입했다. 재정책임제는 중앙정부의 재정적자를 확대시켰고, 지방정부 사이에 재정분배와 관련한 분쟁을 야기했다. 1994년 중국정부는 국가총세무국을 신설하고 분세제分稅制를 실시했다. 세금은 국세와 공동세로 나누어 징수되었고, 공동세 중에서 일부는 지방정부에 귀속했다. 국가총세무국과 분세제의 실시는 세원에 대한 중앙정부의 통제력을 강화시켰다. 현재 중국에서 지방정부는 돈 문제 때문에 중앙정부의 통제로부터 자유롭기 어려운 것이 현실이다.

지방정부와 지방정부에서 일하는 관료들은 인민들에게 가장 큰 불신의 대상이다. 인민들에게 지방 관료들은 부패하고 무능하며 악랄한 사람들이다. 반면에 중앙의 지도자들은 인민들에게 신뢰를 받고 있다. 중앙의 지도자들은 인민들이 억울한 일을 당했는데 하소연할 곳이 없을 때 마지막으로 찾을 수 있는 희망의 대상이다. 왜 그럴까? 실제로 중앙의 지도자들이 청렴하고 공평무사할 수도 있다. 하지만 좀더 생각해보면, 지방정부와 관료들은 인민들에게 직접 세금을 징수하거나 인민들을 압박하여 당과 중앙정부의 정책이 관철되게 만들어야한다.

　인민들은 자신과 가까운 거리에서 자신을 압박하는 관료들에게 분노하고, 자신과 먼 거리에서 실제 정책을 결정하고 지방에 정책을 관철하게 만드는 중앙의 지도자들에게 관대하다. 하지만 가까운 압력에 대한 분노가 밖으로 표출되는 일은 드물다. 인민들은 분노하면서도 굴종할 수밖에 없다. 지방정부가 중앙정부의 여러 정책에 불만을 갖지만, 중앙정부의 지시를 따르고 그 감독 아래 숨을 죽이는 것과 마찬가지이다.

中國現代史

중국공산당은 불굴의 의지, 피비린내 나는 전투 그리고 동지들의 희생을 통해 혁명에 성공했다. 과거의 구舊중국과 단절을 선언한 신新중국이 등장한 뒤, 중화인민공화국 정부가 맞닥뜨린 것은 혁명과는 다른 어려움이었다. 구체제와 국민정부를 비판함으로써 챙길 수 있었던 정치적 이익을 더 이상 기대할 수 없었다. 이제 중국공산당은 당·국가체제 아래에서 스스로 통제하고 관리하는 방식으로 인민의 마음을 얻어야만 했다. 또한 외교라는 생경한 분야에서도 존재감을 보여주어야만 했다.

냉전과 재건

중화인민공화국의 처음 5년은 당, 정부, 국가의 성패를 결정짓는 중
요한 시간이었다. 현대 정부의 수립은 왕조 시대에 새로운 왕조가 등장
하는 것과 유사하다. 맨 먼저 해야 할 일은 정부의 교체라는 거대한 변
화 앞에서 관망하는 세력들을 확실하게 자신의 편으로 끌어들이고 민
심을 얻어 권력을 안정시키는 일이다. 반발하는 집단과 세력들에 대해
서는 정당성을 확보하고 여론의 지지를 받는 방식으로 제압해야 한다.

1949년 10월 1일, 중화인민공화국 중앙인민정부가 수립되었고, 중
국공산당 앞에는 경제회복, 치안확보, 외교수립 등 과제가 산적해 있
었다. 무엇보다도 전쟁과 내전을 거치면서 무너진 경제를 회복해야만
했다. 국민정부는 중앙은행의 금괴를 비롯한 자산을 타이완으로 가지
고 갔다. 생산기반을 재건하고 경제를 회복하기 위해서는 텅 빈 국가
의 금고를 채우고 재정을 확보해야만 했다. 국민정부가 일본군이 물
러난 뒤에 인플레이션을 억제하고 경제를 회복시키는 데 실패하면서
민심을 잃었던 전철을 밟을 수 없었다.

1949년 12월 6일, 마오쩌둥 일행을 태운 모스크바행 외교열차가 출발했다. 그의 일행은 3월 4일에 귀국했다. 갓 수립된 정부의 최고 권력자가 3개월 동안 외국에 있었던 것으로 대단히 이례적인 일이었다. 그만큼 소련의 도움이 절박했던 것이다. 공산당 지도부는 내전 시기에 같은 사회주의국가로서 자신들을 돕지 않았던 소련과의 관계를 조정하고, 경제적 지원을 확보하려 했다. 2월 14일이 되어서야 중·소우호동맹 상호원조약이 체결되었다. 조약 제1조는 "일본이나 일본의 동맹국(미국)"의 공격을 받으면 서로 지원한다는 것이었다. 그 외에 5년간 3억 달러 차관 제공, 창춘長春(중동·남만주) 철도와 뤼순항 이권 반환 등이 포함되었다. 조약을 통해 중국은 안전보장과 경제 원조를 얻어냈다.

외교 교섭은 소련에 한정되지 않았다. 중국정부는 소련과의 경제, 외교 교섭을 진행하면서 영국이나 미국과의 관계개선도 타진했다. 영국은 홍콩을 비롯하여 동아시아에서 많은 이권을 갖고 있었다. 1950년 1월에 영국은 중화인민공화국을 승인했고, 6월에 정식 외교관계를 수립하기 위한 교섭에 착수했다. 미국도 타이완에 있는 국민정부와의 관계를 의식하면서도 중화인민공화국과의 민간 무역을 용인하는 태도를 보였다. 이때까지만 해도 강대국들과의 외교문제들이 순조롭게 풀리는 것처럼 보였다.

외교문제들이 잘 풀리면서 경제 재건에도 탄력이 붙었다. 중앙인민정부는 정부 수립 전에 이미 경제를 재건하기 위해 여러 정파가 참

토지개혁법에 환호하는
인민들

여하는 중앙재정경제위원회를 구성했고, 1950년부터 정무원 산하의
재정경제위원회로 바꾸어 경제정책을 총괄했다. 위원회는 인플레이션
을 억제하기 위해 남부에서는 쌀, 북부에서는 밀 본위 체제를 채택했
다. 토지세는 현물로 납부되었고, 상품은 쌀(밀)을 단위로 표시되었다.
1950년 6월 28일, 중앙인민정부는 토지개혁법의 시행을 발표했다.
농촌에서 몰수된 토지는 농민들에게 분배하여 생산의욕을 고취시키
고 생산을 빠른 속도로 회복하려 했다.

토지개혁법과 함께 혼인법도 중요하게 다뤄졌고, 토지개혁법에 앞

서 5월에 공포되었다. 새로운 혼인법은 부인이 가족과 가족의 재산에 대해 동등한 권리를 갖고 이혼도 제기할 수 있다고 규정했다. 세상의 절반을 차지하는 여성이 존중받는 첫걸음이 시작된 것이었다. 토지개혁법을 통해 농민의 생산의욕이 높아졌고, 혼인법을 통해 여성이 생산에 더욱 적극적으로 참여할 수 있는 여건이 마련되었다. 하지만 경제를 재건하는 여정이 순조롭기만 하지는 않았다.

1950년 6월 25일, 한국전쟁이 발발했다. 한국전쟁은 경제 복구와 정치 안정에 매진하던 중화인민공화국에게 위기이면서 동시에 기회였다. 한국전쟁으로 자본주의와 사회주의 사이의 진영대결이 첨예해졌다. 사실 전쟁 전까지 한반도에서도 냉전의 그림자가 그다지 짙게 드리워지지 않았다. 하지만 무력충돌이 시작되면서 진영 사이의 대결이 심해졌고 냉전체제가 단단해지기 시작했다. 6월 27일, 미국 대통령 트루먼H. Truman은 공산주의자들과 결연하게 싸우겠다는 뜻을 분명히 했다. 한반도에 군대를 보내고 타이완 해역에 있던 제7함대를 출동시켰으며, 인도차이나반도에서 베트남 공산세력과 싸우는 프랑스를 지지한다는 성명을 발표했다. 당시 국민정부군의 잔당들은 인민해방군의 통제가 느슨한 산간벽지에서 여전히 기회를 노리고 있었다. 한반도에서 일어난 전쟁의 불씨가 중국대륙으로 날아든다면, 새로운 중국을 만들려는 중국공산당의 계획에 차질이 생길 수 있었다.

한국전쟁 초기에 북한군이 선전했고, 중화인민공화국 지도부는 전쟁을 관망했다. 인천상륙작전 이후, 연합군은 38선을 넘어 북으로 진격했다. 10월이 되자 중국에서 인민의용군이 모집되었고, 펑더화이 총사령관은 의용군을 이끌고 압록강을 건너 참전했다. 전쟁의 위기는 중국공산당의 권력을 다지는 기회로 이용되었다. 미국의 군사적 위협에 맞서 북한(조선)을 돕자는 항미원조운동이 전개되면서 인민들이 하나로 단결했다. 1950년 10월까지 전체 인구의 47퍼센트에 달하는 2억 2379명이 세계평화와 미국의 침략 반대 서명에 참여했다.

전시 상황이라는 위기는 국민정부군 잔당, 비적, 봉건세력 등 반혁명세력을 토벌하는 기회로도 이용되었다. 1950년 3월에 이어 7월과 10월에 〈반혁명활동의 진압에 관한 지시〉가 발표되었다. 1952년까지 79만 명의 반혁명분자가 사형에 처해졌고, 240만 명의 무장 세력이 해체되었다. 또한 1951년부터 1952년 여름까지 독직·낭비·관료주의에 반대하는 삼반三反운동과 자본가들을 공격대상으로 삼은 뇌물·탈세·횡령·부실공사·정보누설 등 오반五反운동이 전개되었다. 반혁명 활동 진압과 삼반·오반운동은 사회를 안정시키고, 인민에게 당과 정부에 대한 신뢰와 권위 그리고 두려움을 갖게 만들었다.

인민의용군이 한반도에서 전투를 치르고 있을 때, 인민해방군은 티베트에 파병되었다. 국공내전 시기 국경지역은 힘의 공백 상태였고, 몽골·신장·티베트 지역에서는 민족세력들이 독립국가를 세우기 위해 활동하고 있었다. 내몽골은 1947년 5월에 자치주의 형태로 중화인민공화국에 합류했다. 신장의 동투르키스탄공화국은 소련의 도움으로 수립되었는데, 1949년 8월에 지도자 에흐메탄 콰짐이 의문의 죽음을 당하면서 중화인민공화국에 흡수되었다. 이제 남은 것은 티베트였다. 1950년 10월, 인민해방군은 티베트 인민을 '해방'시킨다는 명분으로 파병되었다. 1년 뒤, 인민해방군은 티베트에 주둔했고, 티베트는 중화인민공화국의 영토가 되었다. 이로써 중화인민공화국은 서북지역에서 청나라 때의 영토를 완전히 회복했다.

한국전쟁에의 참전에도 불구하고, 중화인민공화국의 경제와 생산은 신속하게 회복되었다. 1951년이 되자, 국민정부에게 무능하다는 딱지를 붙게 했던 인플레이션은 잡혔고, 물가는 안정되었다. 그해 말, 중국인민은행이 발행한 인민폐는 중국 유일의 법정 화폐가 되었다. 토지개혁법에 따라 농촌에서 몰수된 토지는 농민들에게 분배되었고, 생산은 빠른 속도로 회복되었다. 1952년이 되자, 곡물수확량은 1억 5400만 톤으로 중일전쟁 이전의 수준을 회복했다.

공업 분야의 회복도 빠른 속도로 진행되었다. 1945~46년, 소련군은 동북지역의 공업시설을 해체하여 자국으로 옮겼다. 다른 지역의 공업시설도 전쟁으로 사용할 수 없는 상태였다. 하지만 1952년까지 동북을 비롯한 지역의 공업시설은 다시 가동할 수 있게 되었다. 그해, 철강은 130만 톤이 생산되었고, 석탄은 6600만 톤에 달했다. 철도는 완전히 정상화되었고, 일부 구간은 추가로 부설되어 총연장이 2만 4500킬로미터로 늘어났다.

1953년 7월 27일, 중화인민공화국 인민지원군 사령관은 연합군 총사령관 및 북한군 최고사령관과 정전협정을 체결했다. 전쟁은 사실상 끝났지만, 공식적으로는 휴전 상태에 들어갔다. 한국전쟁은 전쟁이 일어나기 전에 38선을 경계로 남북이 나눠져 있던 상태로 돌아간 채 마무리되었다. 중앙인민정부는 전쟁에서 미제국주의의 침략을 물리쳤다고 선언했다.

그러나 1950년 7월부터 미국 7함대가 타이완해협을 순찰하기 시작했고, 이듬해 유엔총회에서 중화인민공화국을 침략자로 규정하는 결의가 채택되었다. 한국전쟁이 일어났을 때, 중앙인민정부는 경제 재건과 외교 정상화에 매진하고 있었고 나름의 성과도 있었기 때문에 당혹감을 감출 수 없었다. 유엔총회의 결의로 인해 미국·영국을 비롯한 자본주의 진영에 속하는 국가들과 외교관계를 맺기 어렵게 되었다. 한국전쟁 이전 영국과 미국이 중화인민공화국을 대했던 것을 돌이켜보면, 냉전이 한국전쟁을 야기했다기보다 한국전쟁으로 냉전이 고착화되었다고 보는 것이 옳을 것이다. 외교관계가 제한되면서 중화인민공화국은 자본주의 진영과의 협력과 교류를 배제한 재건과 부흥 정책을 추진했다.

1·5계획

1951년 10월부터 한국전쟁의 휴전에 대한 교섭이 시작되었지만, 1952년 10월에 교섭이 중단되었다. 38선을 사이에 두고 여전히 치열한 전투가 벌어졌지만, 전쟁은 끝을 향해가고 있었다. 12월, 중앙인민정부는 이미 경제를 부흥시킬 수 있는 기틀이 마련되었다고 판단했다. 그 근거는 공업과 농업 분야에서 과거의 최고 생산 기록들을 넘어섰다는 것이었다. 1953년 1월, 중앙인민정부는 제1차 5개년계획(1·5계획)의 개시를 선언했다. 7월 27일, 한국전쟁이 마무리되었고, 중앙인민정부는 사회주의로 이행하기 위한 준비를 시작했다.

건국 초기, 중화인민공화국은 사회주의를 전면에 내세우지 않았다. 정치적으로는 명망가들을 끌어안는 연합정부가 구성되었고, 경제적으로는 국가가 주도하는 '계획'에 더하여 민간이 주도하는 '시장'이 부분적으로 허용되었다. 중국공산당 지도부는 연합정부와 계획·시장 경제를 통해 농업국에서 공업국으로 전환되는 과도기, 즉 신민주주의 단계(15~30년)를 거친 뒤에야 비로소 사회주의로 이행할 수 있을 것이라고 여겼다.

중국공산당 지도부가 경제정책을 수정하여 사회주의로 이행하는 시간을 앞당기려 한 이유는 크게 두 가지이다. 먼저, 초기 성과에 대한 자신감이 있었다. 초기 성과에는 경제적 측면뿐만 아니라 정치적인 측면도 포함되었다. 삼반운동으로 당원과 간부의 기풍을 바로잡았고, 오반운동으로 민간상공업자를 견제하여 약화시켰으며, 산간벽지의 반혁명세력을 토벌하여 중국공산당의 전국적인 장악력이 높아졌다. 다음으로, 국제적인 환경이 불리해졌다. 한국전쟁으로 냉전체제가 고착화되면서 자본주의 진영과의 협력이나 교류가 막히게 되었다. 지도부는 대외적인 어려움을 타개하고 강력한 무력으로부터 체제와 국가를 지키기 위해 소련처럼 신속한 공업화를 통해 군사적 현대화를 이뤄야 한다고 판단했다.

1953년 6월 15일, 중국공산당 중앙위원회는 신민주주의단계를 신속하게 마무리하고 사회주의단계로 넘어가겠다는 구상을 제시했다. 이듬해 2월 10일, 중앙위원회는 사회주의로 이행에 속도를 높이는 과도기총노선을 공식적으로 채택했다. 과도기총노선은 1·5계획과 함께 시작되었고, 농업의 집단화와 급속한 공업화를 핵심으로 했으며, 외부의 도움과 교류가 제한된 상태에서 자력갱생을 도모한다는 내용을 담고 있었다.

농업의 집단화는 토지를 집단적으로 경작하고 국가가 관리하려는 정책이었다. 토지개혁법(1950)은 지주들에게 몰수한 토지를 농민들에게 분배하여 경작할 수 있게 했고, 농민들은 토지를 자신의 사유재산이라고 받아들였다. 개별 경작은 초기에 무너진 생산기반을 회복하는 데 도움을 주었다. 하지만 시간이 지나면서 소규모 경작으로 생산이 정체될 가능성이 있었다. 대외무역이 제한된 상황에서 중앙인민정부의 가장 큰 세수 원천은 농업이었다. 생산의 정체는 사회주의건설에 필요한 재원 확보가 어렵게 된다는 것을 의미했다. 공산당 지도부는 1930년대 소련의 집단화 사례를 통해 경작 규모를 확대하면 농업생산을 높일 수 있다고 여겼다.

토지개혁을 통해 늘어난 자작농은 1·5계획 기간에 호조조, 초급합작사, 고급합작사 등을 거치면서 단계적으로 집단화되었다. 호조조는 20~30호가 농번기에 품앗이하는 것이었고, 초급합작사에 이르면 20~30호가 공동경영을 했고, 고급합작사는 토지를 공동으로 소유하면서 200~300호가 공동으로 경영했다. 고급합작사 단계에 이르면 토지 사유는 사라지게 된다.

처음에 농촌의 간부들 사이에서 집단화에 신중해야 한다는 목소리도 나왔다. 농업의 집단화는 농민들의 손에 쥐어준 토지를 다시 회수하는 일이었고, 반감을 야기할 수 있었기 때문이다. 자칫 농민들을 자극할 수도 있었기 때문에 농업의 집단화는 조심스럽게 진행되었다. 간부들은 집단화의 장점을 가지고 농민들을 설득하여 자발적으로 토지를 내놓게 하는 방식을 사용했다. 이러한 소극적인 방식은 1954년에 헌법이 제정되고 국무원을 비롯한 정부기구들이 정식으로 출범하면서 적극적으로 바뀌었고, 6850만 호가 호조조로 조직되었다.

농업 집단화에 대한 농민들의 거부감은 쉽게 누그러지지 않았다. 농민들은 자신의 소유라고 여겼던 토지, 가축, 농기구 등을 내놓는 것에 대해 불만을 가지기도 했고, 자신의 것을 빼앗기는 것으로 여겼다. 그들이 선택한 소극적인 저항방식은 농업 집단화가 되기 전날 자신의 가축을 잡아서 마을 사람들과 함께 먹어버리는 것이었다. 이러한 상황을 바꾸기 위해서는 더욱 적극적이고 공격적인 방식의 정책이 추진되어야만 했다.

1955년 7월, 마오쩌둥이 집단화에 소극적인 간부들을 "전족을 한

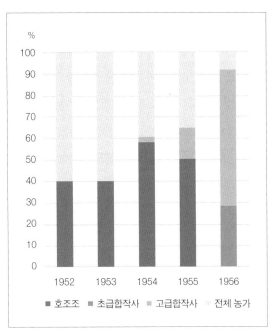

%

| | 1952 | 1953 | 1954 | 1955 | 1956 |

■ 호조조　■ 초급합작사　■ 고급합작사　　전체 농가

도표1 농업의 집단화 비율

여성처럼 뒤뚱거리며 걷고 있다"고 비판했다. 10월, 중국공산당 제7
기 전국대표대회 제6차 중앙위원회는 농업 집단화의 속도를 높이기로
결의했다. 그 결과 1956년이 되자 전체 농가의 8.5퍼센트(1040만 호)
가 초급합작사로, 87.8퍼센트(1억 740만 호)가 고급합작사로 조직되었
다. 전체 농가의 96.3퍼센트가 집단화된 것이다. 이는 그야말로 속도
전이었다. 농촌인구가 전체 인구의 85퍼센트 정도였다는 점을 고려한
다면, 소유와 계급이 철폐된 사회주의사회로 한 걸음 나아간 것이었다.

중앙인민정부는 과도기총노선을 통해 자력갱생을 도모하기 위해 생산을 더욱 강력하게 통제하고 관리해야만 했다. 1·5계획에서 가장 중요한 목표는 공업의 현대화를 통해 서양을 따라잡을 수 있는 기반을 마련하는 것이었다. 중·소우호동맹 상호원조조약에 따라 소련이 3억 달러의 차관을 제공하고, 전문가와 기술자 1만여 명을 파견했다. 분명히 소련의 원조는 공업의 현대화에 도움이 되는 일이었다. 하지만 1·5계획 5년 동안 재정 총수입에서 소련의 원조는 겨우 2.7퍼센트를 차지할 뿐이었다. 중앙인민정부는 재원을 확보하기 위한 방법을 고민했다.

농업 집단화는 중앙인민정부에게 재원을 확보하는 수단을 제공했다. 집단화는 분명 1952년까지 증가하던 생산량이 정체될 수 있었던 상황을 개선했고, 대규모 경작을 통해 생산량을 높일 수 있었다. 또한 공업 분야의 제품을 집단화된 농장에 농산물보다 낮은 가격에 공급하고, 그 대신 많은 농산물을 가져감으로써 국영공업 분야에 이익을 보장했다. 국영공업 분야의 이익은 공업의 현대화를 위한 재원을 확보하게 해주었다. 결국 중앙인민정부는 농민의 희생을 바탕으로 공업의 현대화를 추진했다.

1955년 하반기부터 도시에서도 민간기업의 국영화를 통해 공업의 급속한 현대화가 진행되었다. 국영화는 처음에 민간기업을 정부와 기업 소유주가 함께 경영하는 공사합영公私合營에서 시작되었다. 그런데 소유주는 정부와 대등한 지위와 권한을 가지고 경영에 참여할 수 없

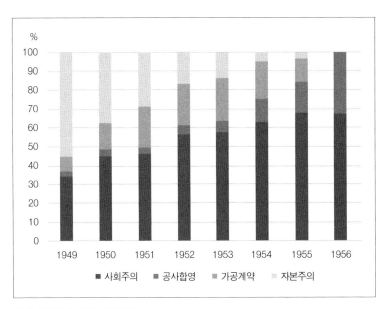

%

| | 1949 | 1950 | 1951 | 1952 | 1953 | 1954 | 1955 | 1956 |

도표2 공업의 사회주의 개조 비율

■ 사회주의　■ 공사합영　■ 가공계약　▨ 자본주의

었고, 사실상 자신의 투자분에 대해 일정한 배당을 받을 수 있을 뿐이었다. 공사합영은 국영화로 가는 과정에서 소유주의 저항을 줄이기 위한 과도기 정책이었다. 이것은 마치 토지개혁이 농민들에게 토지를 소유하게 것처럼 보였지만, 사적 소유가 사라지고 집단화로 가는 과도기였던 것과 유사했다.

1956년 말까지 농업의 집단화와 공업의 사회주의 개조는 도표1과 도표2에서 보이듯이 통계상으로 마무리되었다.* 급속한 공업화를 위해 중공업 우선 전략을 채택했다. 농산물은 낮은 가격으로 구매되어 도시의 공업 노동자에게 공급되었다. 낮은 생계비는 저임금과 국영기업의 고이윤을 가능하게 했다. 고이윤은 정부 재정에 흡수되었고, 다시 공업에 투자되었다.

반우파투쟁

중국공산당 지도부가 마오쩌둥을 중심으로 1·5계획을 마무리하여 신속하게 사회주의로 이행하기 위해 노력하고 있을 때였다. 유럽 사회주의국가들에서 심상치 않은 일들이 벌어지고 있었다. 1956년 2월, 소련공산당 제20차 대회에서 흐루쇼프N. S. Khrushchev는 평화공존노선을 내놓았다. 흐루쇼프는 스탈린이 독재자이며 수많은 공산당원과 농민을 탄압하면서 농업 집단화를 추진했다고 폭로했다. 그는 스탈린의 잘못을 바로잡겠다고 연설했다.

미국 정보기관은 스탈린을 비판한 연설 내용을 입수했고 이는《뉴욕타임스》에 보도되었다. 스탈린은 레닌 사후 소련에서 절대적인 권력을 지닌 존재였기 때문에 그 파장은 만만치 않았다. 1956년 6월과 10월, 폴란드와 헝가리에서 공산당 통치에 반대하는 시위가 일어났다. 양국 정부는 소련에 도움을 요청했고, 탱크와 장갑차를 앞세운 소

---

* 두 도표는 李德彬,《中華人民共和國經濟史》, 윤정분·양필승 옮김, 교보문고, 1989, 214, 234쪽의 통계 수치를 바탕으로 작성했다.

런군이 출동했다. 폴란드 정부는 개혁을 약속했고 폴란드식 사회주의를 도모하기 시작했다.

헝가리 부다페스트에서는 소련군이 수천 명의 시위대를 '반역자'라며 사살했고, 저항을 진압했다. 흐루쇼프는 스탈린을 독재자로 비판함으로써 자신의 정치권력을 강화했는데, 타국에서 자신의 권력을 비판하는 시위를 진압하기 위해 군대를 보냈고 유혈진압도 주저하지 않았다. 그는 스탈린의 독재를 비판한 것이 아니라 자신의 정치적 앞길을 가로막고 있는 스탈린과 그의 추종자들을 비판하고 제거했던 것이다.

폴란드와 헝가리의 상황은 중국공산당 지도부에도 알려졌고, 유사한 상황이 중국에서 벌어지는 것을 미연에 방지하기 위해 신속하게 대처했다. 1956년 9월, 중국공산당은 제8기 전국대표대회를 개최했다. 이 대회는 건국 후 처음으로 열리는 공산당의 공식 행사였다. 중국공산당은 당규党規에서 "마오쩌둥사상으로 당의 모든 활동에 지침으로 삼는다"라는 개인숭배 문장을 삭제했다.

1957년 2월, 마오쩌둥은 최고국무회의에서 〈인민 내부의 모순을 바르게 처리하는 문제에 관해서〉라는 강화講話를 통해 내부 모순과 적대적 모순이라는 개념을 제시했고, 인민들 사이의 국가와 당에 대한 불만을 해소하려 했다. 그는 과거 중국공산당도 인민들의 어려움을 제대로 파악하지 못하여 고통을 준 적이 있다며 잘못을 인정했다. 그리고 앞으로 당과 대중 사이의 내부 모순이 적대적 모순으로 악화되어 헝가리 같은 유혈사태가 발생하는 것을 막기 위해 건전한 비판이 용인될 것이라고 공표했다. 마오쩌둥은 "수많은 꽃들이 일제히 피듯이, 수많은 사상들이 논쟁하게 하라!(백화제방百花齊放, 백가쟁명百家爭鳴)"고 발언을 마무리했다.

마오쩌둥의 연설은 중국공산당이 주도했던 쌍백雙百운동의 신호탄이었다. 쌍백운동은 인민과 소통하고 당의 비민주적 의사결정구조와 관료주의를 바로잡기 위한 정풍운동으로 시작되었다. 하지만 당과 정부에 불만을 품고 있던 사람들은 지난 2년 동안 있었던 사건 때문에 비판을 주저했다. 1954년 2월, 당과 중앙인민정부가 지나치게 강화되는 것에 비판적이었던 동북인민정부東北人民政府 주석 가오강과 화동군정위원회華東軍政委員會 주석 라오수스饒漱石가 반당활동을 이유로 숙청된 바 있었다. 이듬해에는 저명한 작가 후펑胡風이 당의 문예정책을 비판하다가 그 동료들과 함께 반혁명집단으로 지목되어 투옥되는 일도 있었다.

흐루쇼프의 스탈린 독재 비판 이후, 1956년 9월에는 중국공산당 당규가 수정되고, 이듬해 2월에는 마오쩌둥의 강연이 있었다. 하지만 '수많은 사상들'의 호응은 없었다. 지지부진한 호응을 이끌어내기 위해 당이 나설 수밖에 없었다. 1957년 4월 27일, 중국공산당 중앙위원회는 〈정풍의 주제: 인민 내부 모순을 정확히 처리하라〉는 지시를 의결했다. 당의 지시는 5월 1일 《인민일보人民日報》 제1면을 장식했다. 중국공산당은 다시 관료주의, 종파주의, 주관주의 등을 반대하는 정

《인민일보》에 게재된 중국공산당 중앙의 지시

풍운동을 진행한다고 선포했다.

당의 공식적인 지시가 내려지자, 관망하던 사람들이 하나 둘 자신의 견해를 밝히기 시작했다. 처음에는 소극적으로 몇 마디씩 하는 정도였다. 소극적인 비판은 차츰 공격적으로 바뀌었고, 도발적인 주장도 등장했다. 공장, 사무실, 학교의 벽에 사회의 불평등이나 당의 부패 등을 비판하는 대자보가 나붙었다. 《광명일보光明日報》 편집장 추안핑儲安平은 당이 세상을 지배하는 "당천하黨天下"의 시대가 되었다고 비판했다. 산림공업부 장관 뤄룽지羅隆基는 더 대담했다. 그는 마오쩌둥을 향해 지식인들 위에 군림하려는 프롤레타리아계급의 아마추어 지식인이라고 조롱했다. 농촌에서 농민들의 삶은 나아진 것이 없고, 당 간부들만 호화롭게 생활한다는 뼈아픈 비판도 있었다.

봇물처럼 쏟아져 나온 비판은 단순히 일부 공산당원의 관료주의나 종파주의에 그치지 않았다. 공산당의 폐쇄적인 구조와 사회통제 자체가 문제라는 지적도 있었다. 학생과 노동자들은 거리에 나와서 시위를 벌였고, 농민들도 생활고를 호소했다. 중국공산당은 상황이 예상치 못한 방향으로 나아가자 당황했지만, 곧바로 비판의 목소리에 대한 태도를 바꾸었다. 1957년 6월 8일,《인민일보》는 사설에서 계급의 이익을 위해 정풍운동을 이용하려는 자들을 비난했다. 그날, 추안핑은 곧바로 편집장을 그만두어야만 했다. 가오강과 후펑의 일을 교훈 삼아서 신중한 태도를 취했던 사람들이 옳았던 것이다.

당을 비판했던 사람들과 그들을 지지한 사람들까지 독초毒草 같은 사상을 지닌 우파로 낙인이 찍혔다. 베이징과 지방 곳곳에서 정풍운동 대신에 숙청이 진행되었다. 반우파투쟁이 시작된 것이다. 작가 저우양周揚은 중앙정치국 후보위원으로서 반우파투쟁에서 선봉에 섰다. 1957년 9월 16~17일, 중국작가협회 당조직 확대회의가 열렸다. 1350여 명의 회원들 앞에서 저우양은 저명한 작가 딩링丁玲과 천치샤陳企霞를 비판했고, 정치상황의 변화는 문화예술에 반영된다면서 지식인들에게 정치학습뿐만 아니라 노동을 통해 사상을 개조하라고 호소했다. 열흘 뒤,《인민일보》는 문화예술계가 반당·반사회주의 집단 딩링과 천치샤에 대한 투쟁에서 거대한 승리를 거두었다고 보도했다.

정치적 힘을 가진 작가의 공개적인 발언과 《인민일보》의 보도는 공산당의 입장과 향후 정책 방향을 보여주는 것이었다. 당 간부들은 신문과 잡지 편집위원회에서 기자나 편집위원으로서 기사를 검열했다. 언론의 자율성은 위축될 수밖에 없었다. 시위를 벌였던 학생과 노동자들에 대한 조사가 시작되었다. 우한에서는 학생들의 시위를 막지 못한 부교장 등 3명이 총살형을 당했다. 우파로 지목된 간부들은 출당 조치를 당했다.

저우양은 반우파투쟁에서 표면적으로 중요한 역할을 했던 것처럼 보인다. 그러나 우리는 중국공산당이 주도하는 당·국가체제에서 당의 결정 없이 정풍이나 숙청이 단행될 수 없다는 점을 알아야 한다. 마오쩌둥과 공산당이 국가의 중심인 상황에서 그의 승인, 묵인, 동조 등이 없이 반우파투쟁이 전개될 수 없었다. 당 주석 마오쩌둥의 생각을 받드는 곳은 비서실에 해당하는 중앙서기처였다. 그 중앙서기처의 총서기가 덩샤오핑이었다. 덩샤오핑은 1956년 9월에 열린 중국공산당 제8기 전국대표대회에서 중앙정치국 상무위원, 중앙서기처 총서기가 되었다. 그렇다면 반우파투쟁을 이끌고 있던 핵심 인물은 바로 마오쩌둥을 지근거리에서 보좌하던 덩샤오핑이었다.

중앙서기처는 정부의 각 단위單位*에 우파의 할당량을 제시했다.

---

* 중화인민공화국에서 단위는 하나의 조직을 구성하는 기본적인 단체나 기관을 말한다. 학교, 회사, 공장 등은 하나의 단위가 될 수 있다.

1957년 5월, 마오쩌둥은 〈상황이 변하고 있다〉는 글을 발표했고, 여기서 당 밖의 지식인들 가운데 1~10퍼센트의 우파가 있다고 여겼다. 중앙서기처는 마오쩌둥의 말에 따라 최소 1퍼센트의 우파를 색출하라고 한 것이다. 55만 명 이상의 사람들에게 우파라는 딱지가 붙었다. 우파로 지목된 학생, 지식인, 전문가 등은 직장에서 쫓겨나거나 산간벽지로 추방되었다. 그들 중에는 딩링 이외에도 저명한 사회학자였던 페이샤오퉁費孝通, 교통부 장관 장보쥔章伯鈞 등도 포함되었다. 중화인민공화국을 위하는 마음으로 비판적인 목소리를 냈던 사람들은 우파로 내몰렸다.

1957년 봄, 마오쩌둥은 처음에 모든 것을 포용할 수 있다는 너그러운 표정으로 쌍백운동을 독려했다. 하지만 가을이 되자, 계급의 이익을 위해 정풍운동이 이용되고 있다면서 대대적인 반우파투쟁을 시작했다. 마오쩌둥과 중국공산당은 처음부터 반대파들을 제거하기 위해 덫을 놓았다는 의심을 피할 수 없게 되었다. 다만 당과 중앙인민정부의 입장에서 본다면, 좋은 의도로 시작한 쌍백운동이 사회주의에 저항하는 개인과 집단에 의해 의도적으로 집단화를 방해하고 분열을 획책하는 데 이용되기 시작한 것으로 판단했다고 볼 수 있다. 당과 중앙인민정부로서는 우파들을 인민들로부터 분리시키고 권위를 세워야만 동유럽과 같은 혼란을 막을 수 있다고 여겼고, 정책을 수정하여 언로言路의 개방이 아닌 통제를 선택했다.

중소균열

1953년부터 시작된 1·5계획은 1957년에 마무리되었다. 중앙인민정부는 1·5계획이 전반적으로 만족스러운 성과를 냈다고 평가했다. 국민총생산은 70.9퍼센트, 국민소득은 53퍼센트, 공업총생산은 141퍼센트, 농업총생산액은 25퍼센트 성장했다. 중국공산당은 당 중앙과 마오쩌둥 주석의 영도, 인민의 힘든 노동, 소련 등 형제국가의 사심 없는 원조 등으로 1·5계획에서 눈부신 성과를 냈다고 여겼다. 겉으로 나타난 지표는 긍정적이었고, 건국 초기부터 긴밀한 관계에 있던 소련과도 원만하게 협력하고 있는 것으로 보였다.

하지만 성과의 지표를 자세히 살펴보면, 당과 중앙인민정부를 초조하게 만드는 내용을 담고 있었다. 농업부문이 공업에 비해 상대적으로 성장이 더뎠고, 한계에 다다른 듯했다. 건국 후 수년 동안의 급속한 성장과 비교했을 때 더욱 그랬다. 더딘 성장에도 불구하고 사회주의를 앞당기기 위해서 농민들은 공업 분야의 가격에 맞춰 낮은 가격으로 생산품을 제공했다. 정부는 농산물가격지수와 공산품가격지수 간의 간격, 즉 협상가격차를 통해 재정을 확보했다.

당과 정부는 1959년 4월에도, 그 이후에도 한동안 소련과의 관계를 표현할 때 형제국가라는 말을 사용했다. 1957년 10월 15일에 중화인민공화국과 소련은 비밀 국방협정을 체결했고, 소련은 중화인민공화국의 핵무장을 위해 필요한 과학기술을 제공하기로 했다. 하지

1·5계획의 성과 보도

만 흐루쇼프가 스탈린을 비판하고 자본주의국가들과 평화공존노선
을 내놓은 후, 중화인민공화국과 소련 사이의 관계에는 균열의 조짐
이 하나 둘씩 나타나기 시작했다. 다만 양국은 모두 상대방을 필요로
했기 때문에 여전히 온화한 미소로 상대를 대했고, 마음속의 생각을
대놓고 드러내지 않았다.

1957년 11월 2일부터 21일까지, 마오쩌둥은 쑹칭링宋慶齡, 덩샤오
핑, 펑더화이 등과 함께 생애 두 번째로 출국했고, 목적지는 첫 번째
와 마찬가지로 모스크바였다. 모스크바에서 열리는 러시아혁명 40주
년 기념식에 초청받은 것이었다. 1949년 12월의 방문 때와는 달리,

마오쩌둥 일행의 모스크바 방문

마오쩌둥은 거대한 국가의 지도자로서 나름의 위엄을 갖추고 있었다. 그는 소련에서 스탈린을 독재자로 비판하고, 미국과의 평화공존노선을 추구하는 것에 대해 불편한 마음을 갖고 있었다. 외교가 늘 그렇듯이 소련 정부가 마련한 공식석상의 분위기는 우호적이었고, 다분히 의례적인 말들이 오갔다.

11월 14일부터 사흘 동안 사회주의국가 공산당 및 노동당 대표회의가 개최되었다. 마오쩌둥은 회의에 참석하여 소련의 평화공존노선에 어긋나는 말을 했다. 그는 이제 동풍이 서풍을 압도하는 시대가 되었고, 사회주의가 제국주의의 우위에 있다고 말했다. 이 회의는 소련 공산당과 정부가 사회주의국가들 사이에서 자국의 영향력을 확인하고 주도권을 갖기 위해 개최한 것이었다. 소련공산당 지도부는 평화공존을 위해 미국을 비롯한 자본주의국가들과의 협력이 필요하다고 보았다. 따라서 당연히 자본주의와 사회주의라는 대결구도를 설정한 마오쩌둥의 발언을 마뜩잖게 여겼다.

1957년 12월의 상황을 이해하기 위해서는 스탈린이 살아 있었을 때 있었던 일들을 되짚어볼 필요가 있다. 국공내전 시기 스탈린은 국민정부와 중·소우호동맹(1945)을 체결하여 상대국의 주권과 영토를 존중하고 일본의 침략을 함께 막기로 했다. 중국공산당의 승리는 스탈린에게 예상치 못했던 결과였고, 전후 복구를 위해 모스크바를 방문했던 마오쩌둥 일행에 대해서도 반가운 마음만 가질 수는 없었다. 스탈린은 가난한 중화인민공화국을 이끌고 있던 중국공산당과 정부를 무시하면서도 경계심을 감추지 않았다. 중·소우호동맹 상호원조조약(1950)이 체결되기까지 협상기간이 세 달을 넘긴 것도 양측의 관계가 우호적이지만은 않았다는 반증이었다.

1953년 3월, 스탈린이 세상을 떠나자, 중국공산당 지도부는 소련과의 관계가 새롭게 정립될 수 있을 것으로 여겼다. 1954년, 흐루쇼프는 10월 1일 건국기념일에 맞춰 중화인민공화국을 방문했고, 마오쩌둥을 비롯한 당과 국가의 지도부는 형제국가의 지도자를 열렬히 환대했다. 소련은 과거 불평등조약으로 얻어낸 권리였던 뤼순 항구를 반환했다. 서북부 국경지역의 철도를 연결하는 사업도 진행되었다.

중화인민공화국은 소련 이외의 나라들과의 국제관계에도 신경을 쓰기 시작했고, 1954년 6월 한반도평화협정과 베트남분단협약을 논의한 제네바회담을 계기로 외교무대에 복귀했다. 1955년 4월, 아시아와 아프리카 28개국이 참가한 반둥회의가 열렸다. 저우언라이 총리는 회의에서 미국과의 공존, 중국통일문제의 평화적인 해결을 호소했다. 그 뒤, 중화인민공화국은 경제적으로 뒤처진 아시아와 아프리카의 국가들 사이에서 일정한 영향력을 갖게 되었다.

중국공산당 지도부의 기대와 달리 평화로운 상황은 오래 가지 못했다. 1956년, 소련에서 흐루쇼프가 스탈린의 독재는 수많은 희생자를 낳았고 부패를 양산했다고 비판했다. 그는 자신의 정치적 입지를 굳히기 위해 스탈린과 결별했고, 폴란드와 헝가리에서 일어난 시위에 진압군을 보냈다. 중국공산당의 입장에서도 권력에 저항하는 목소리는 부담이 될 수밖에 없었다. 하지만 여전히 소련과의 관계는 표면적으로 원만했다.

1957년 11월, 중국공산당 지도부가 모스크바를 방문했을 때도 소련 측으로부터 환대를 받았다. 그런 환대 속에서 마오쩌둥은 동풍이 서풍을 압도하는 시기가 되었다면서 사회주의 진영의 우위를 확신한다고 발언했던 것이다. 모스크바에서 귀국한 뒤에 중국공산당 지도부로부터 미래에 대해 더 낙관적이고 확신에 찬 목소리가 나왔다. 1957년 12월, 류사오치는 당 중앙을 대표하여 중국공회中國工會 제8기 대표대회에 참석하여 축사를 하면서, "15년 안에 영국을 따라잡겠다"고 공언한 것이다.

1949년부터 1957년까지 8년여 동안 중국공산당과 중앙인민정부는 중화인민공화국을 성공적으로 이끌었다. 국민정부를 골치 아프게 만들었던 인플레이션을 잠재웠고, 토지개혁을 통해 농민들의 사기를 북돋움으로써 농업생산을 회복하여 인민들의 먹는 문제를 해결했으며, 한국전쟁의 참전을 통해 군사력을 과시하고 국내의 반대세력을 제거할 수 있었다. 1·5계획 기간 동안 농업 분야의 집단화, 민간기업의 국영화를 진행하여 기본적으로 사적 소유를 철폐했고, 사회주의로 이행하는 속도를 끌어올릴 수 있게 되었다. 하지만 쌍백운동을 통해 중국공산당 내부의 관료주의, 종파주의, 주관주의를 제거하려던 시도는 실패했고, 오히려 반우파투쟁을 전개하면서 당에 대한 두려움과 불신을 키우게 되었다. 대외적으로는 자본주의국가들과의 관계를 놓고 소련과 미묘한 입장 차이가 나타나기 시작했다.

1958년은 제2차 5개년 경제계획이 시작되고, 1959년
은 건국 10주년이 되는 해였다. 중국공산당은 혁명을
제도화하기 위해 권력기관을 정비했고, 농업의 집단
화, 민간기업의 국영화 등을 통해 사적 소유를 철폐하
고 사회주의로 이행하는 작업에 착수했다. 반대세력
은 한국전쟁과 반우파투쟁을 거치면서 힘을 잃었고,
마오쩌둥의 권위는 높아졌으며, 당의 권력기반은 탄
탄해졌다. 이제 중국공산당과 중앙인민정부는 당원
과 인민의 지지를 바탕으로 새로운 중국의 거대한 도
약과 전진, 즉 대약진大躍進에 착수했다.

인민공사

중국공산당과 중앙인민정부는 1·5계획(1953~1957)을 통해 농업과 공업 분야의 생산량이 증가하고 생산성도 향상되었으며, 농업의 집단화와 공업의 사회주의 개조도 성공적으로 진행되었다고 여겼다. 물론 중국공산당 지도부에서도 1·5계획을 진행하는 동안 농업 생산성 향상이 더뎌지자 공업 분야와의 격차가 커졌고, 희생을 강요받는 농민들이 불만을 갖고 있다는 사실을 인지했다. 중앙정치국 상무위원 겸 상업부 장관 천윈은 중공업뿐만 아니라 경공업 분야도 육성하고, 농민들의 생산품이 좋은 가격에 팔리고 그 돈으로 공산품을 살 수 있게 함으로써 사기를 북돋워야 한다고 건의했다. 하지만 그의 건의는 받아들여지지 않았다.

1956년 9월, 중국공산당 제8기 전국대표대회에서는 저우언라이를 중심으로 1·5계획의 진행상황이 평가되었고, 제2차 5개년 경제계획(2·5계획, 1958~1962) 안건이 통과되었다. 아울러 삼면홍기三面紅旗라는 구호와 함께 사회주의혁명의 기본노선, 즉 사회주의건설의 총노선, 대약진, 인민공사 등 세 가지 경제정책이 채택되었다. 현재 대약진운동은 나머지 두 가지 경제정책을 포괄하여 가리키는 용어이다. 반우파투쟁으로 전문가들이 숙청되었고, 그들의 부재는 대약진운동에서 전문가들 대신에 더 많은 대중을 동원하는 방식을 의지하게 만들었다.

대약진운동은 2·5계획의 전반기에 해당하고, 과도기를 단축하여 농업사회에서 공산주의사회로 도약과 전진을 시도한 것이었다. 대약진운동에서 핵심은 인민공사의 조직이었다. 1958년 8월, 중국공산당 중앙위원회가 농업 생산성을 높이고 공업 발전을 도모하기 위해 고급합작사를 인민공사로 조직할 것을 의결했다. 10월 말까지 전국 74만 개 합작사는 2만 6000개 인민공사로 재편되었고, 전국 농민의 99퍼센트 이상이 인민공사에 소속되었다. 고급합작사 20~30개를 묶어서 다시 더 큰 조직으로 확대한 것이 인민공사였다. 하나의 인민공사는 평균 5000호 규모였다. 2만 호 이상의 인민공사도 51개가 있었다.

인민공사는 하나의 자급자족적인 기초 단위였다. 그 단위 속에서 함께 농사를 짓고, 작은 공장이 운영되고, 학교 교육이 진행되었으며, 병원이나 치안조직까지 갖추고 있었다. 치안조직은 전역한 군인들로 구성되었다. 농업을 기반으로 하는 단위로서는 지나치게 규모가 커서 관리에 어려움이 있었기 때문에, 인민공사 아래에는 생산대대生産大隊, 생산대대 아래에는 다시 생산대가 조직되었다. 생산대는 개편되기 전의 고급합작사에 해당했고 실제 생산을 담당했다. 생산대대와 인민공사는 일종의 감독기구로서 행정을 관리하고 생산량을 결정했다.

인민공사의 특징은 첫째 대규모, 둘째 공유한다는 의미의 일대이공 一大二公으로 요약된다. 인민공사는 평균 5000호로 구성되었고, 경제적 조건과 빈부차이가 있는 고급합작사들을 합쳐서 대규모화함으로써 평균주의를 실현하려 했다. 대규모 인민공사는 집단 소유의 공유를 강화하여 자류지自留地, 농기구, 가축 등을 공사의 소유로 바꾸었다. 식당·탁아소·유치원·경로당 등도 인민공사에 의해 운영되었고, 식량을 분배하여 생계에 돈이 들지 않게 했다.

이상적인 사회주의사회에서는 구성원들이 노동력에 따른 임금의 지급을 부정하고, 자신의 능력만큼 일하면 필요한 만큼 분배한다. 인민공사의 목표는 바로 이상적인 사회주의사회를 만드는 것이었다. 하지만 당시 중화인민공화국의 생산력 수준에서는 이에 도달할 수 없었다. 오히려 농민과 노동자에게 획일적으로 생산량을 할당했고, 생산에 적극적으로 참여시키는 결과를 초래했다.

1958년 여름이 되면, 과도기를 단축하고 직접 공산주의사회로 이행하려는 공산주의 바람共産風이 농촌을 휩쓸었다. 수천만 명이 철강 생산에 동원되었다. 60만여 개의 간이용광로土爐, 4000여 곳의 소형 발전소, 9000여 곳의 시멘트 공장, 8만여 곳의 농기구 공장, 수많은 재래식 비료 공장 등이 건설되었다. 전국적으로 1억 명 이상이 동원되어 15만 킬로미터의 도로가 신설되고, 2700킬로미터의 철도가 복구되었으며, 대규모 수리사업이 진행되었다. 모든 건설 사업에 인민

허난성의 간이용광로

공사의 조직을 바탕으로 농촌의 인력이 무상으로 이용되었다.

1958년 가을, 수확이 끝난 뒤에 식량 수매가 시작되면서 문제가 나타났다. 중앙인민정부는 전년대비 수매량이 22.3퍼센트 증가할 것으로 예상했지만, 실제로는 2.5퍼센트 증가했을 뿐이었다. 수입이 예상보다 적었음에도, 정부는 농촌의 공장에 제공한 대출금을 강제로 회수했다. 농민들은 동요했고, 정부의 생산정책을 불신하게 되었다. 겨울이 되자, 시장에서는 식량, 돼지고기, 야채 등 농산품의 공급량이 크게 줄어들었다.

루산廬山회의

마오쩌둥을 비롯한 중국공산당 지도부는 1958년 11월 이전부터 이미 대약진운동과 인민공사의 건설에서 문제가 있다는 사실을 인지했다. 생필품이 부족해지자, 불만을 표출하는 농민들이 나타났다. 공업 분야에서 지역별로 경쟁하면서 중복과 맹목적인 생산으로 노동력과 재정이 낭비되었다. 다행히 1958년은 하늘이 도와서 2억 톤의 곡물을 수확할 수 있었다. 하지만 농민들은 그만큼 국가와 사회를 위해 더 많은 세금을 납부해야만 했다.

간이용광로를 만들어 철강생산량을 늘렸던 것은 그 생산량을 기준으로 해서 영국이나 미국을 따라잡는 기준으로 삼으려 했기 때문이다. 1958년 11월 말, 중국공산당 제8기 전국대표대회 제6차 중앙위원회 전체회의(8기 6중전회)가 열렸다. 중국공산당 지도부는 철강생산에 인력과 재정이 너무 많이 집중되면서 농업과 상업에 악영향을 끼쳤다는 점에 동의했다. 하지만 마오쩌둥을 중심으로 일사분란하게 움직이던 중국공산당 지도부가 제시한 해결방안은 대약진의 기본 방향을 견지하면서 생산목표치를 낮추는 정도였다.

1958년 10월, 추수가 끝난 뒤에 벌어진 사해四害 퇴치운동은 중국공산당 내부에서 마오쩌둥의 발언과 지위가 어느 정도였고, 의사결정이 얼마나 즉흥적으로 이뤄졌는지를 잘 보여준다. 사해는 모기, 파리, 쥐, 참새였는데, 특히 참새 퇴치가 중심이었다. 그 이유는 마오쩌둥이 참새를 해로운 새라고 했기 때문이었다. 참새가 없으면 해충과 파리·모기가 만연하게 될 것이라는 전문가의 경고는 묵살되었다. 중국공산당 내부는 마오쩌둥의 말 한마디에 정책이 결정되고, 다른 의견이 무시되는 상황이었던 것이다.

1959년 4월, 전국인민대표대회에서 류사오치가 제2대 국가 주석

참새 포획 행진

1953년 겨울, 중난하이中南海 화이런탕懷仁堂에서 펑더화이와 마오쩌둥

으로 선출되었다. 마오쩌둥은 중국공산당 주석을 계속해서 유지했지만, 형식적인 권력의 크기는 작아졌다. 1959년 여름, 루산에서 중국공산당 중앙정치국 확대회의(7월)와 제8기 전국대표대회 제8차 중앙위원회 전체회의(8기 8중전회, 8월)가 열렸다. 중앙정치국 확대회의와 8중전회를 합쳐서 루산회의라고 부른다. 펑더화이는 과장된 미곡 생산량이나 잘못된 철강생산 방식으로 야기된 심각한 상황을 지적했다. 그는 국가와 당을 걱정하는 마음에서 혁명동지 마오쩌둥에게 좌경 일변도의 대약진운동을 바로잡아야 한다는 편지를 보냈다. 일부 당원들은 펑더화이의 의견에 동조했지만, 전체적인 분위기는 그렇지 않았다. 마오쩌둥은 펑더화이의 편지를 공개하면서 우경 기회주의이고 당 중앙에 대한 도전이라고 비난했다.

펑더화이의 국방부장관직은 린뱌오에게 넘어갔다. 루산회의가 끝난 뒤 중국공산당은 당내에서 반우파투쟁을 더욱 강화했다. 중국공산당은 두 회의에서 1958년부터 시작된 대약진운동의 경험과 교훈을 종합하여 결산했고, 농업·경공업·중공업의 순서로 역량을 적절히 배분하여 균형 잡힌 발전을 도모하기로 결의했다. 마오쩌둥을 중심으로 한 중국공산당 지도부는 여전히 대약진운동을 통해 오게 될 장밋빛 미래를 기대했다.

기대가 실망으로 바뀌는 데에는 긴 시간이 필요하지 않았다. 농업생산이 1959년에는 15.9퍼센트, 1960년에는 22퍼센트, 1961년에는 51퍼센트가 감소했다. 1960~1961년 2년 동안의 농업생산은 1958년의 70퍼센트밖에 되지 않았다. 중화인민공화국은 국제사회의 원조를 받을 수도 없었기 때문에 절대적인 식량의 부족을 해결할 방법이 없었다. 3년 동안 중앙인민정부의 누적 적자가 169억 위안이었다. 당시 재정규모가 500억 위안 정도였다는 점을 감안한다면 재정 압박을 느낄 규모였다. 농업이 국가의 세금 수입과 경제 전체에서 중요한 비중을 차지하고 있었다. 따라서 화폐를 발행해서 수입의 부족을 메울 수도 없었다.

대규모 치수사업을 진행했고, 심경밀식深耕密植이라는 농법을 사용했으며, 인민공사를 통해 대규모 인원을 동원했음에도 불구하고 농업 생산이 크게 감소한 원인은 이랬다. 농민들은 농사 이외에 공업발전을 위해 대규모로 동원되었기 때문에 농사에 집중할 수 없었다. 들녘에는 오히려 일할 사람이 줄어들었다. 경작지를 깊게 갈아서 조밀하게 작물을 심는 심경밀식은 처음에는 효과적이었다. 하지만 시간이 지나면서 척박한 토양을 위로 밀어 올렸고, 조밀한 파종은 땅심을 소진시켰다. 대규모 관개시설은 외형적으로 크게 늘어났지만, 급속하게 건설되면서 조악한 자재가 이용되었고, 홍수를 감당할 수 없는 경우도 발생했다.

이미 1959년 가을 추수 때 식량생산이 감소했는데, 당 중앙은 상황을 정확하게 파악하지 못했다. 그 이유는 비교적 간단하게 설명할 수 있다. 가오강·라오수스의 숙청, 후펑 비판, 반우파투쟁 등을 거치면서 중국공산당의 지역 간부들은 위에서 내려오는 지시를 성실히 따르는 데 길들여졌다. 우파라는 비판은 곧바로 자리를 잃는 것이었기 때문에 섣불리 의견을 내놓지 않게 되었다. 더욱이 지역 간부들은 상부의 할당량을 채우지 못할 경우 사실대로 보고하지 않았다. 당 중앙은 거짓 보고를 근거로 이듬해 할당량을 내려 보냈다. 더 많은 할당량을 받아든 지역간부는 다시 거짓 보고를 하게 되었다.

공업 분야는 농업에 비해 상대적으로 상황이 좋고 발전한 것처럼 보였다. 2·5계획이 시작된 뒤, 1958년부터 3년 동안 대약진운동을 진행했고 몇 가지 긍정적인 수치들이 나타났다. 공업생산은 매년 40퍼센트씩 성장했다. 건국 이후 1964년까지 중대형 중공업 시설 가운데 60퍼센트가 1958년부터 3년 동안 건설되었다. 1960년, 헤이룽장黑龍江성 다칭大慶 유전의 원유생산량은 1957년과 비교했을 때 3.56배 증가했다.

양적인 성장의 이면에는 당과 정부가 받아들이고 싶지 않은 문제들이 감춰져 있었다. 철강생산은 1957년 535만 톤에서 1960년 1800만 톤으로 3배 가까이 늘어났다. 하지만 간이용광로에서 생산된 500만여 톤의 철강은 조악해서 쓸 수 없는 것이었다. 수천만 명의 인력이 온갖 쇠붙이를 끌어 모아 이뤄낸 허무한 결과였다. 기반시설이 갖춰지지 않은 상황에서 보여주기 위한 성과를 만들어내기 위해 인력과 물자가 낭비되었다.

3년 동안 진행된 대약진운동은 인민 생활의 지표를 떨어뜨렸고, 경제를 움직이는 요소들 사이의 균형을 깨뜨렸다. 1957년에 비해 1960년

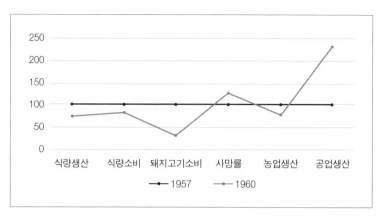

도표1 1957년 대비 1960년의 각종 경제지표(1957년 지수를 100으로 설정)

의 1인당 평균 식량소비량은 19.4퍼센트나 감소했고, 돼지고기 소비량은 전국에 걸쳐 69.9퍼센트나 감소했다. 반면에 1960년의 사망률은 1957년에 비해 14.64퍼센트나 상승했다. 농업생산은 22.7퍼센트가 감소했는데, 공업생산은 230퍼센트나 증가했다.* 이 기간의 식량부족은 절대적인 생산량 감소와 국가가 공업을 위해 식량작물 대신에 경제작물을 재배하도록 했기 때문이었다. 이러한 상황은 기근으로 사망률을 높였고, 부족한 노동력은 다시 생산을 악화시켰다.

---

* 도표1은 曾壁鈞·林木西, 《중국현대경제사, 1949-1992》, 박상선·최영렬 옮김, 매일경제신문사, 1993, 197-198쪽에 기술된 수치를 바탕으로 작성했다.

조정정책

1960년 여름부터 중국공산당 지도부는 대약진운동을 추진하는 과정에서 일어난 문제들을 바로잡기 위해 대책을 세우기 시작했다. 1960년 9월 30일, 국가계획위원회는 8자방침八字方針을 비준했다. 8자방침은 조정·견고·충실·향상이라는 여덟 글자의 방침이다. 중공업과 농업의 불균형을 해소하기 위해 노동력과 투자를 조정하고, 기존의 성과를 견고하게 하고, 필요한 생산에 충실하며, 노동생산성을 향상시킨다는 것이었다. 1961년 1월, 중국공산당 제8기 전국대표대회 제9차 중앙위원회 전체회의(8기 9중전회)에서 8자방침이 채택되었고, 조정정책이 시작되었다.

중국공산당과 중앙인민정부는 삼면홍기의 삼면을 구성하던 사회주의건설의 총노선, 대약진, 인민공사 등의 정책을 바꾸기 시작했다. 인민들이 변화를 체감할 수 있게 하는 일이 가장 시급했다. 이를 위해 공업과 농업 생산의 대약진 정책이 조정되었다. 농업의 희생을 바탕으로 신속한 공업화를 추진했던 정책이 바뀌었다. 1961년, 중앙인민정부는 농촌에서 세금으로 거둬들였던 곡물 양을 20퍼센트 정도 줄였고, 수매 가격을 높였으며, 반강제로 할당되었던 식량 수매량도 줄였다. 농촌의 부족한 식량 사정을 고려한 조치였다. 하지만 중공업 위주의 경제정책을 포기한 것은 아니었고, 단시 긴급 상황에 따른 조정이었다.

인민공사의 규모는 축소되고 소유관계는 조정되었다. 인민공사는 평균 5000호 정도의 규모였고, 그 안에 다시 생산대대와 생산대라는 조직을 갖고 있었다. 1960년 11월, 당 중앙은 인민공사에 긴급지시를 내렸다. 긴급지시는 생산대가 소규모 부업을 위한 생산도구, 생산대대가 토지·가축·농기구, 인민공사가 삼림·목장·대형수리시설 등을 소유하는 3급소유제를 강화했다. 또한 삼자일포三自一包가 허용되었다. 농민들은 자류지라는 텃밭에서 농작물을 비롯하여 가공식품을 만들었고, 자유시장自由市場에서 판매할 수 있었으며, 생산을 자기책임自負盈虧으로 했다. 일부지역에서 토지를 빌려 경작하는 생산청부제包産到戶가 가능했다.

인민공사의 축소와 농·공업의 조정은 사회주의건설 총노선의 수정을 불가피하게 만들었다. 농민들에게 소유를 인정하는 상황에서 중국공산당과 중앙인민정부는 더 이상 15년 안에 영국을 따라잡는 발전을 이루고, 계급과 소유가 사라진 사회주의국가 건설을 위해 매진한다는 총노선은 내세울 수 없었다. 중화인민공화국이 여전히 사회주의국가를 지향한다는 사실에는 흔들림이 없었다. 하지만 능력만큼 일하면 필요한 만큼 분배받는 사회주의국가는 점차 일상에서 멀어지고 있었다.

농업생산이 감소하고 국가의 수입이 줄어들면서 배급제를 바탕으로 하던 공동식당은 더 이상 일상에서 볼 수 없게 되었다. 농민들은 공동식당이 아니라 자류지에서 자신이 기른 농작물을 수확해 그 재료로 요리한 밥을 먹고 싶어 했다. 자류지와 자유시장의 등장은 농민들의 생산의욕을 자극했다. 농민들은 수확한 농작물을 시장에 내다팔 수 있게 되었고, 그 수입으로 자신이 원하는 물건을 살 수 있었다. 더 이상 줄을 서서 배급을 기다릴 필요가 없게 되었지만, 물건을 팔기 위해 경쟁하고 수입이 없으면 원하는 물건을 살 수 없게 되었다.

1961년 초부터 경제 분야에서 대약진운동을 탈피하기 위한 조정정책들이 시작되었고, 정치적인 책임을 묻는 움직임도 나타났다. 3월, 베이징 시장 펑전彭眞의 후원으로 우한吳晗이 쓴 신편 역사극 〈해서파관海瑞罷官〉이 공연되었다. 베이징 시민들은 만력제萬曆帝를 비판하다가 파면되는 해서를 보면서 마오쩌둥을 비판하다가 숙청된 펑더화이를 떠올렸다. 직접적인 비판은 아니었지만 대담한 공연이었다. 덩퉈鄧拓를 비롯한 베이징의 지식인들은 당의 정책결정에 절대적인 권한을 가진 마오쩌둥이 대약진운동의 실패에 대한 책임에서 자유로울 수 없다고 여겼다.

1962년 1월 11일, 중국공산당 중앙위원회 확대공작회의가 열렸고, 전국에서 7118명의 당 간부들이 참석했다(7천인대회). 7천인대회에서 류사오치는 대약진운동의 잘못된 점들을 지적했다. 류사오치는 대약진이 초래한 대기근의 원인 가운데 70퍼센트는 사람이 잘못한 것이고, 30퍼센트만이 자연재해 때문이라고 평가했다. 그는 삼자일포와 같은 조정을 통해 국민경제를 회복시켜야 한다고 발언했다. 그러나 마오쩌둥의 생각은 좀 달랐다. 그는 과거의 긍정적·부정적 경험을 종

7천인대회의 마오쩌둥과 저우언라이(왼쪽), 발언하는 류사오치 그리고 천윈·덩샤오핑(오른쪽)

합하여 사회주의건설의 법칙을 이해하고, 당의 민주집중제를 완성해야 한다고 발언했다.

7천인대회는 표면적으로 대약진의 실패를 둘러싸고 약화된 당원들 사이의 단결을 도모하고, 잘못된 정책들을 바로잡는 데 긍정적인 역할을 했다. 하지만 대약진의 처절한 실패로부터 벗어나기 위한 해법으로 단결을 강조했던 마오쩌둥과 조정정책을 주장했던 실용주의자들 사이의 갈등이 표면화되는 것은 시간 문제였다. 마오쩌둥은 다시 개인소유를 용인하는 정책을 실시하는 것에 대해 부정적인 생각을 숨기지 않았다. 다만, 처참한 실패로부터 한숨 돌리는 것이 급한 상황이었기 때문에 드러내놓고 류사오치, 덩샤오핑, 천윈 등 실용주의자들의 생각에 반대하지 않았을 뿐이다.

마오쩌둥과 실용주의자들 사이의 갈등이 미봉된 뒤, 경제 분야에서는 조정정책이 지속되고 정치적으로는 사회주의교육운동이 전개되는 어정쩡한 상황이 연출되었다. 조정정책은 삼자일포를 더 확대시키고, 중공업 중시의 노선을 수정하여 경공업에 대한 투자를 늘리고 농업의 희생을 감소시키는 것이었다. 1961년부터 5년에 걸친 조정정책들은 어느 정도 성과를 거뒀다. 1965년 농공업 총생산액은 1984억 위안이었는데, 그중 농업 분야는 590억 위안, 공업 분야는 1394억 위안이었다. 공업과 농업 분야의 총생산 비율은 1960년 4대 1에서 1965년 2대 1로, 중공업과 경공업의 생산 비율도 33대 67에서 51대 49로 조정되었다.

과도한 중공업 중심 산업구조의 변화와 함께 농민들의 생활여건도 호전되었다. 철강생산에 동원되었던 인력이 다시 농사일을 시작하고 삼자일포 정책을 통해 생산의욕이 고취되면서 1965년 식량 총생산액이 1억 9453만 톤으로, 대약진 이전인 1957년의 1억 9505만 톤을 거의 회복했다. 농민들은 면화, 잎담배, 사탕무 등 경제작물을 재배하여 자유시장에서 판매함으로써 소득을 올렸고, 자신이 필요한 물건을 구매할 수 있게 되었다.

5년 동안의 조정정책은 경제를, 농업의 희생을 바탕으로 급속한 공업화를 추진함으로써 그 성과를 자랑하려 했던 대약진운동 이전 상태로 되돌려 놓았다. 당시 중화인민공화국의 생산력 수준을 뛰어넘는 생산관계를 만들려 했던 시도가 잘못 되었다는 사실을 인정한 것이었다. 이제 중국공산당지도부는 다시 차근차근 생산력을 높이기 위해 노력하고, 그 발전에 따라 새로운 생산관계를 만들어나가는 지혜를 발휘해야만 했다. 하지만 조정정책은 경제부문에 한정되었다.

경제 분야에서 조정정책이 한창일 때, 정치 분야에서는 조정이 일어나지 않았고 여전히 사회주의사회에 대한 열정으로 채워지고 있었다. 대약진운동으로 경제가 최악의 상황에 빠지고 중앙인민정부 자체 통계로도 1300만 명이 사망하자 사회주의를 호소하는 정치적 목소리가 잦아들었다. 조정정책으로 서서히 경제가 회복되면서 실용주의자들의 공세가 거세졌다. 마오쩌둥은 위기감을 느꼈고, 인민들에게 사회주의사상이 필요하다고 역설했다.

1962~65년 사회주의교육운동은 정치·경제·사상·조직 등 네 분야를 맑게 한다는 뜻에서 사청四清운동으로도 불렸다. 마오쩌둥은 소유를 인정하는 조정정책으로 당 조직이 이완되고 대중의 혁명적 열정이 약화되는 문제가 나타났다고 여겼다. 1962년 9월, 중국공산당 제8기 전국대표대회 제10차 중앙위원회 전체회의(8기 10중전회)에서 마오쩌둥은 "계급투쟁을 결코 잊지 말라!"고 호소했다. 그는 미제국주의자가 세계의 패권을 쥐려고 침략을 획책하고 있는 상황에서 자본주의가 다시 부활하는 것을 막고 수정주의로부터 사회주의를 지켜야 한다고 목소리를 높였다.

1963년 5월, 마오쩌둥은 10개 조항의 지시를 내려 반혁명 행위를 비난했고, 집단경제를 다시 강화하려 했다. 경제의 조정정책을 통해 대약진운동의 실패로부터 서서히 벗어나고 있던 상황에서 다시 소유와 계급의 철폐를 강조하는 사회주의교육운동은 지역의 공산당 간부들에게 환영받지 못했다. 1964년 9월, 마오쩌둥은 다시 10개 조항의 지시를 내렸고, 산시성 다자이大寨 생산대대가 사유를 포기하고 집단노동을 통해 큰 성과를 얻은 경험에서 배워야 한다고 강조했다. 하지만 여전히 반응이 신통치 않았다.

1965년 1월, 마오쩌둥은 23개 조항의 지시를 내렸고, 지역 간부들이 아닌 자본주의의 길을 가는 당 내부의 당권파가 문제라고 지적했다. 그는 자신의 지시가 지역 간부들 사이에서 제대로 집행되지 않는 이유를 류사오치나 덩샤오핑이 사회주의교육운동을 가로막고 있기 때문이라고 판단했다. 과거의 혁명동지들 사이에 불신과 대립의 그림자가 드리워지고 있었다.

독자외교

중화인민공화국은 건국 초기에 선택의 여지가 없어서 소련을 동맹으로 삼았고 도움을 받아왔다. 소련은 스탈린이 죽은 뒤부터 미국과 평화공존을 모색했다. 마오쩌둥은 소련과 동유럽의 움직임을 우려했다. 1957년, 모스크바를 방문했을 때 그는 유학생들 앞에서 사회주의국가가 자본주의국가를 뛰어넘는 시대가 되었다고 강조했다. 1958년, 중국공산당과 중앙인민정부는 신속하게 사회주의사회로 이행하기 위해 대약진운동을 시작했다. 당시 소련은 경제적으로 뒤떨어진 국가가 일거에 사회주의사회로 이행하겠다는 호언장담을 내놓자 이에 냉소적이었다. 다만 당장에 어떤 반응을 보이지는 않았다.

대약진운동의 처참한 실패로 경제적 위기가 심화되고 있을 때, 소련은 중화인민공화국에 대한 유예적인 태도를 바꾸었다. 1959년 6월, 소련은 중화인민공화국과 맺은 국방신기술협정을 일방적으로 파기했다. 1960년 7월이 되자, 소련은 한 걸음 더 나아갔다. 275건의 과학기술협정을 폐지했고, 201곳에서 진행 중이던 원조 명목의 건설 사업을 중단했으며, 모든 설비와 물자의 공급을 중단한다고 통보했다. 소련 기술자 1390명은 귀국하라는 지시를 받았다. 양국 사이의 갈등이 표면화된 것이었다. 하지만 국제사회는 여전히 냉전이 자리 잡고 있었기 때문에 양국은 한동안 공개적인 비난을 자제했다.

소련의 태도 변화는 힘들 때 도와주는 친구가 진정한 친구라는 말을 생각하게 만들었다. 중국공산당의 입장에서 보면, 다시 국공내전 때 국민당을 지지했던 과거를 떠올리지 않을 수 없었다. 하지만 대약진운동이 야기한 문제들을 해결하는 것이 더 시급한 과제였고, 중앙인민정부가 신경 써야 할 국내외 문제들이 있었기 때문에 소련에 신경을 쓸 여력이 없었다. 그 문제들은 티베트를 둘러싸고 벌어졌다.

1959년 3월 17일부터 일주일 동안 라싸에서 중국군에 항의하는 대규모 시위가 벌어졌다. 달라이 라마는 무장한 티베트인 수십 명의 보호 속에 인도로 망명했다. 중앙인민정부는 티베트 문제를 해결하는

항복하고 이송되는 티베트인들

방법으로 군대를 투입했다. 라싸의 티베트인들은 피를 흘리며 저항했지만 무력 앞에 무너지고 말았다. 하지만 시위는 그치지 않았고, 티베트 동부에서 수개월 동안 지속되었다. 중앙인민정부는 이미 1957년에 신장에서부터 악사이친을 거쳐 티베트에 이르는 도로를 건설했는데, 그 도로를 통해 신장의 군대를 티베트로 보내 시위를 진압했다.

티베트 반중시위 진압 과정에서 국경지대를 거쳐 군대가 지나가고 달라이 라마가 망명하게 되자, 중화인민공화국과 인도 사이에 긴장이 높아졌다. 1959년 9월, 양국은 국경지역에서 충돌했다. 1962년 10월,

양국 사이의 산발적인 충돌은 국경전쟁으로 확대되었다. 인도군은 3000명 이상의 사상자를 냈는데, 중국군의 손실은 미미했다. 중앙인민정부는 일방적으로 전쟁의 중지를 선언했고, 서부국경지대에 자국의 주장대로 군대를 주둔하는 대신에 동부국경지대에서는 인도의 주장을 수용하여 군대를 철수했다. 결국 양국 사이의 분쟁은 진정되었다.

중화인민공화국과 인도 사이의 분쟁에서 소련은 처음에 중립적인 태도를 취했다. 1950년 인도가 독립하자, 소련은 남아시아의 대국 인도를 자국의 영향력 아래 두기 위해 적극적으로 경제와 군사 원조를 지속하고 있었다. 1960년을 전후하여 소련은 중화인민공화국과 소원한 관계가 되었지만, 무력 분쟁에서 한쪽 편을 들기보다 중립적인 입장을 취하면서 사태를 지켜보는 편이 국익에 유리하다고 판단했다. 하지만 중립적인 입장은 오래가지 않았다.

1962년 10월, 중국군과 인도군이 교전하고 있을 때, 멀리 쿠바에서는 미사일 위기가 발생했다. 쿠바는 소련으로부터 미국 본토를 공격할 수 있는 공격용 중장거리 미사일을 수입하여 배치했다. 미국은 쿠바 해상을 격리하고 선박의 이동을 차단했다. 미국과 소련 사이에는 전쟁의이 위기가 감돌았는데, 미국 대통령 케네디와 소련 서기장 흐루쇼프 사이에 서신이 오갔다. 결국 소련의 미사일은 회수되었고, 일촉즉발의 위기는 마무리되었다. 중국공산당은 쿠바의 미사일 위기 상황에서 소련의 타협적인 태도를 비난했다.

1963년 6월, 중국공산당과 소련공산당의 기관지 《인민일보》와 《프라우다》에는 상대방에 대한 비판적 기사들이 잇달아 실렸고 치열한 반박과 재반박이 오갔다. 소련공산당은 미국과의 평화공존이 필요하다고 강조했고, 중국공산당은 전 세계에서 사회주의혁명을 강화해야 한다고 맞섰다. 교조주의적이라는 공격을 받자, 중국공산당은 소련 쪽이야말로 사회주의를 왜곡하는 수정주의의 길을 걷고 있다고 반박했다. 7월, 소련은 모스크바에서 미국·영국과 핵실험을 중지하는 협약을 맺었다. 중국공산당의 소련에 대한 의구심은 더 커졌다. 같은 달, 중국공산당 대표들이 국경선 획정 협상을 위해 모스크바를 방문했는데, 빈손으로 귀국했다.

1964년 10월, 중화인민공화국은 핵실험에 성공했다. 대약진운동이 파국으로 치닫고 있을 때 소련은 자국의 기술자들을 철수시켰고, 미국과 가까워지는 외교 전략을 추진했으며, 핵기술을 이전하겠다는 약속도 어겼다. 계속 수세에 있던 중화인민공화국에게 핵실험의 성공은 커다란 희소식이었다. 경제적으로 여전히 소련에 뒤처져 있었지만, 군사적인 강대국의 반열에 오를 수 있는 계기였다. 그 무렵 흐루쇼프가 권력에서 밀려나고 브레즈네프L. Brezhnev가 등장했다. 양국 공산당은 모스크바에서 회담을 열었고 일시적으로 관계를 개선하기 위해 노력했다. 하지만 회담은 아무런 성과 없이 끝났다. 중화인민공화국의 군사적인 성취와 자부심은 수정주의의 길을 걷는 소련과의 관계를 더 멀어지게 만들었다.

한편, 중화인민공화국은 소련이나 인도와의 외교에서만 난관에 봉착한 것이 아니었다. 과거 나름의 외교성과를 거뒀다고 여겼던 동남아시아 지역에서도 관계가 순탄치 않았다. 1950년대 중국공산당 지도부는 소련과 우호관계를 지속하면서 아시아와 아프리카 지역에서 사회주의국가로서 위상을 높이는 외교를 추구했다. 1955년 4월의 반둥회의는 중화인민공화국이 국제무대에 화려하게 등장한 계기였다. 하지만 1960년부터 동남아시아 국가들 사이에 반중정서가 나타나기 시작했다.

동남아시아에서의 반중정서는 중화인민공화국 초기에 실시된 경제정책에서 비롯되었다. 1950년 토지개혁법으로 지주의 토지를 몰수하여 농민들에게 경작하게 했다. 토지개혁이 진행될 때, 해외에 체류 중이던 중국인이나 화교의 친인척은 곤란한 처지에 놓이게 되었다. 해외에 연줄을 가진 사람들은 중국공산당에 의해 잠재적으로 인민의 적이고 신뢰할 수 없다고 여겨졌다. 외국물을 먹은 사람들에 대한 적대감이 팽배했던 것이다. 인도네시아에서는 공산화된 붉은 중국과 화교들 사이의 관계를 의심했다. 소수의 화교들이 가진 자본이 필요했지만, 영향력을 확대하는 것을 경계했던 것이다.

반둥회의를 계기로 중화인민공화국과 인도네시아의 관계가 개선되는 듯했다. 중화인민공화국은 아버지가 중국인이면 자동적으로 중국인이 된다고 주장하지 않기로 했다. 인도네시아에서 거주하는 중국인들은 하나의 국적을 선택하게 되었다. 하지만 여전히 인도네시아를 포함한 동남아시아 국가들은 화교들의 본국에 대한 충성심은 공식적인 국적과 상관없다고 여겼다. 화교들의 입장에서 본다면, 본국에서는 친인척이 핍박을 당하고, 현지에서는 의심을 받는 상황이었다.

1961년 5월, 말라야연방의 라만 총리는 말라야연방과 싱가포르를 합치고 반공과 반중을 지향하는 말레이시아의 결성을 제안했다. 1963년 9월에 말레이시아가 수립되었지만, 말레이시아 내부에서 중국계 주민의 비율이 높고 경제력이 앞서는 싱가포르를 배제하는 분위기가 만들어졌다. 결국, 1965년 8월에 싱가포르는 연방에서 탈퇴하여 독립했다. 싱가포르는 중국계 주민이 많았지만, 사회주의에 적대적이었기 때문에 중화인민공화국과 거리를 두었다. 9월에는 인도네시아에서 친중 성향의 수카르노 대통령이 실각했고, 반중정책을 내세운 수하르토 정권이 탄생했다. 1967년 10월, 수하르토는 중화인민공화국이 인도네시아 난민을 수용했다는 이유로 단교斷交를 선언했다. 양국의 국교는 1990년에야 비로소 회복되었다.

2·5계획 시기 전반부에 삼면홍기의 일부로 진행되었던 대약진운동에서 실용주의자들은 열정만으로 선진국에 뒤처진 경제의 시간을 뛰어넘을 수 없다는 사실을 절감했다. 공식 발표만 1500만 명이 넘는 사망자를 낳은 처참한 실패를 만회하기 위해 조정정책이 시작되었다. 하지만 여전히 계급투쟁과 혁명의 열정으로 가득 찬 마오쩌둥과 그 추종자들은 사회주의교육운동을 주도했다. 대외적으로 중화인

민공화국은 소련, 인도, 인도네시아, 말레이시아 등과 갈등을 빚었고, 자주외교를 내세우면서 아프리카국가들과의 외교를 통해 자부심을 갖고 있었다.

1960년대 초반, 중화인민공화국은 류사오치가 주도
한 조정정책을 통해 대약진의 악몽으로부터 차츰 경
제적 안정을 찾아가고 있었다. 하지만 마오쩌둥은 대
내외적으로 거대한 위기에 직면한 사회주의를 지켜야
한다고 목소리를 높였다. 린뱌오와 사인방은 마오쩌
둥의 목소리를 키웠다. 전국은 문화대혁명의 소용돌
이 속으로 빠져들었다. 혁명동지들 사이의 갈등은 권
력투쟁으로 비화되었고, 정적을 제거하기 위해 인민
의 분노를 자극했으며, 분노한 인민은 거리에서 무리
를 이루었다. 국제관계는 국내정치의 도구가 되었다.

특권사회

　문화대혁명은 넓은 의미에서 1966년 대규모 군중대회가 있었던 때부터 1976년 마오쩌둥이 사망할 때까지 10년 동안 지속되었다. 하지만 좁은 의미에서는 1969년 4월 중국공산당 제9기 전국대표대회의 승리 선언으로 마무리되었다. 그 4년 가까운 시간 동안 홍위병뿐만 아니라 노동자와 농민들도 거리로 쏟아져 나왔고, 마오쩌둥에게 환호했다. 그들은 왜 마오쩌둥에게 환호하고, 거리로 나갔을까? 단순히 공산당의 선전과 선동에 현혹되었던 것일까? 다른 사회현상과 마찬가지로 이 질문에 대한 대답을 찾으려면 당시의 사회 상황을 살펴봐야 한다.

　1949년 건국 이래 중화인민공화국은 중국공산당 지도부에 의해 움직이고 있었다. 1959년 10월 1일, 건국 10주년 기념식은 화려했다. 톈안먼 광장은 넓고 크게 확장되었다. 광장의 동쪽과 서쪽에는 각각 신축된 역사박물관과 인민대회당이 웅장한 모습으로 전국 각지와 87개 국가로부터 온 축하객 앞에 나타났다. 광장에서는 절도 넘치는 군사

70만 명이 총노선·대약진·인민공사 만세를 외쳤다는 기사와 텐안먼 망루의 외빈

열병식이 거행되었고, 당의 영도 아래 이뤄낸 위대한 복구를 찬양하는 공연들도 수도 베이징의 곳곳에서 이어졌다.

건국 10주년 기념식은 화려했고, 인민들에게 수많은 볼거리를 제공했다. 하지만 1959년 가을은 이미 대약진의 먹구름이 밀려오고 있었던 때였다. 대약진은 무리한 경제정책의 실패였고, 그 실패에 대해 누군가 책임을 져야만 했다. 같은 해 4월, 류사오치는 전국인민대표대회에서 국가 주석에 선출되었고, 마오쩌둥은 국가 주석에서 물러나고 당 주석 직만 갖게 되었다. 류사오치는 마오쩌둥에게 집중되었던 권력의 일부를 나눠 갖게 되었다. 하지만 7·8월의 루산회의에서 펑더화이는 대약진운동에 비판적 목소리를 냈다가 해임되었다. 펑더화이의 해임은 당·국가체제에서 공산당 주석 마오쩌둥이 국가 주석 류사오치보다 우위에 있다는 것을 보여주었다.

1960년대 초 조정정책으로 경제는 어느 정도 회복되었고, 경제에서 시장과 소유라는 자본주의의 요소가 도입되는 변화가 있었다. 하지만 마오쩌둥 중심의 권력구조는 바뀌지 않았다. 권력구조가 바뀌지 않은 상황에서 류사오치가 주도하는 조정정책이 성과를 내고 있었고, 경제적인 성과는 건국 이후 10년 동안 서서히 누적되어온 사회의 차별구조를 강화시켰다. 그 차별구조는 소수의 특권층을 등장시키고 사회적 불평등을 심화시켰다.

특권층은 사회주의국가를 건설하고 혁명을 완성하는 과정에서 생겨났다. 건국 초기 중국공산당은 인민들 사이의 차별이 아니라 통합을 통하여 주도권을 확보했다. 중국인민정치협상회의는 인민의 통합을 위한 대표적인 기구였다. 여기에 공산당 이외에 다양한 정파의 인사들이 참여하여 새로운 국가를 안착시키기 위한 지혜를 모았다. 한국전쟁 당시 중국공산당과 중앙인민정부를 중심으로 인민들이 단결했고, 전시상황은 반대파를 제거할 수 있는 명분을 제공했다. 중국공산당은 강화된 권력을 바탕으로 토지개혁을 진행했다.

토지개혁은 토지소유 상황을 바꾸는 시도였다. 1950년을 전후한 시기 지역마다 차이가 있었는데 거주자의 6~10퍼센트의 지주와 부농이 전체 경작지의 28~50퍼센트를 소유했다. 반면 거주자의

90~94퍼센트에 달하는 농민은 전체 경작지의 50~72퍼센트를 소유
했다.* 중앙인민정부는 소수의 지주에게 경작지를 몰수하여 다수의
농민들에게 경작권을 주었다. 그 과정에서 농촌의 농민들은 지주, 부
농, 농민 등의 계급으로 분류되었다. 도시에서는 상공업의 국영화가
진행되면서 자본가와 노동자 계급으로 분류되었다. 경제적인 요소 이
외에도 혁명과 반혁명이라는 기준에 따라 인민들은 혁명간부, 혁명군
인, 혁명유족, 반혁명분자, 악질분자, 우파분자 등의 계급으로 분류되
었다.

1950년대까지 전체 인구의 85퍼센트 이상이 일반 농민이었기 때
문에 대다수 인민은 국가의 관리 대상이 아니었다. 대다수 인민은 권
력을 쥐지 못했지만, 국가권력으로부터 억압을 받는 것은 제한된 소
수에게 생기는 일인 것처럼 보였다. 그런데 가오강·라오수스 사건과
반우파투쟁은 권력 근처에 있던 사람들도 언제든지 억압의 대상이 될
수 있다는 것을 보여주었다. 1957년 반우파투쟁이 지나가고, 1958년
대약진운동이 추진되면서 차츰 왕조 시대의 이갑제나 보갑제처럼 주
민들 사이의 집단책임과 상호감시를 통해 움직이는 단위 사회가 출현
했다.

단위는 농촌지역의 인민공사, 도시지역의 학교·공장 등 각종 기관

---

* 토지개혁이 진행되던 시기에는 수치가 더 과장되었고, 지주와 부농이 경작지의 60~80퍼
센트까지 점유했다는 주장도 있었다. 1950년대 전후 지주·부농의 경작지 소유 상황은
다음을 참조. 烏廷玉, 〈舊中國地主富農占有多少土地〉, 《史學集刊》 1998-01.

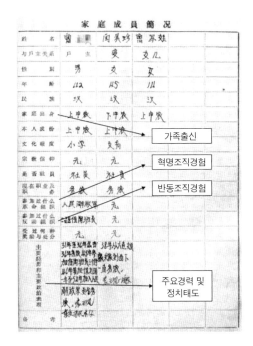

家庭成員簡況

산시성의 한 인민공사에서
작성한 가족구성원 현황

가족출신

혁명조직경험

반동조직경험

주요경력 및
정치태도

등으로 구성되었다. 각 단위는 구성원의 출신성분과 정치적 성향을 기록한 당안檔案(신상기록부)을 만들었다.* 당안에 기록된 개인정보는 취직, 승진, 결혼 등에도 영향을 끼쳤다. 당연히 혁명간부, 혁명군인, 혁명유족, 노동자, 농민 등으로 분류된 계급이 좋은 교육을 받아서 선

---

* 위 표는 농업 집단화를 추진하던 시기에 만들어진 인민공사에 소속된 가족 구성원의 간 단한 현황이다. 이 현황표 뒤에는 자신과 아내 집안의 출신까지 기록된 당안이 이어진 다. 자세한 내용은 다음 연구를 참조. 行龍, 〈集體化時代農村社會研究的重要文本〉,《山西 大學學報》2018-01.

망하는 직장에 취직하고 멋진 배우자와 결혼하는 길을 걷는 특권을 누렸다. 건국 이전에 억압당하던 계급이 이제 특권을 가진 계급으로 변했다.

특권계급의 반대쪽에는 가슴에 주홍글씨를 안고 있는 소외계급이 있었다. 그들은 중화인민공화국의 건국 이전 착취계급에 속했던 사람들과 그 자식들이었다. 출신성분이 좋지 않은 사람들은 나쁜 피를 갖고 태어난 것으로 여겨져서 교육부터 차별을 받았고, 그 차별은 사람들이 꺼리는 직업을 갖게 만들었으며, 그 직업은 다시 결혼을 힘들게 만들었다.

사회주의는 계급과 소유가 사라진 사회에서 사람들이 능력에 따라 일하고 필요에 따라 공급받는 미래를 꿈꾸었다. 중국공산당과 중앙인민정부는 사회주의국가를 건설하고 있다고 여겼다. 그런데 건국 후 10년이 지나는 과정에서 차츰 계급이 만들어지고 있었다. 왕조 시대에 가문을 중시했던 봉건적인 잔재는 모습을 바꾸어 부활했다. 혁명가를 배출한 가문은 특권을 누리게 된 것이다. 반면, 반혁명이나 반동분자라는 낙인이 찍힌 집안은 사회로부터 핍박을 받게 되었다. 사회적 차별과 불평등이 나타나고 있었던 것이다.

1960년대 초 중화인민공화국의 인민들에게 가장 중요한 문제는 대약진운동이 가져온 경제적 어려움으로부터 벗어나는 것이었다. 경제적 어려움 속에서 차별은 더 심해졌다. 나눌 것이 부족해지자, 생존을 위해 특권이 이용되었다. 1962~65년의 사회주의교육운동 과정에서

"계급투쟁을 절대 잊지 말라!"는 마오쩌둥의 호소가 있었다. 마오쩌둥의 호소는 지주나 자본가계급이 농민이나 노동자 계급을 억압했던 과거로 돌아가서는 안 된다는 것이었다. 하지만 당의 하부조직과 지역으로 내려가면서 계급투쟁은 출신성분을 문제 삼는 혈통주의로 바뀌었다.

문화대혁명이 시작될 무렵, 중화인민공화국에서는 특권계급이 혜택을 받았고 사회적 차별이 존재했다. 특권을 누릴 수 있는 기준은 출신성분이었고 혈통 또한 중시되었다. 당시 사회적 차별을 받지 않기 위해서는 혁명에 참여했거나 핍박받았던 계급과 그 피를 물려받은 후손이라는 사실을 증명해야만 했다. 혁명과 혈통은 선악의 판단기준이었다.

권력투쟁

1950년대 후반부터 중화인민공화국에서 인민들은 혁명과 혈통이라는 기준에 따라 사회적 지위를 갖게 되었다. 국가가 특권사회로 나아가고 있을 때, 중국공산당과 중앙인민정부 내부의 혁명동지들 사이에서는 점차 권력투쟁이 표면화되기 시작했다. 혁명동지들 사이의 균열은 권력의 독점과 관련이 있다. 건국 초기 어려움을 하나 둘 극복한 뒤, 자신감이 붙은 중국공산당은 국가의 장악력을 높였고 다른 정치

《인민일보》의 1950·1959·1966년 건국기념일 제1면

세력과의 통합보다는 독자행보를 통해 정치의 주도권을 크게 강화했다. 그 중심에는 마오쩌둥이 있었다.

마오쩌둥은 대장정을 시작한 지 석 달 뒤에 열린 쭌이회의(1935)를 통해 중앙정치국 상무위원에 복귀하여 사실상 당권과 군사권을 장악함으로써 중국공산당의 최고 권력자가 되었다. 건국 초기, 중국공산당에게 가장 시급한 일은 여러 정파의 인사들과 손을 잡고 전국적인 통치기반을 확립하는 것이었다. 마오쩌둥도 당 주석, 국가 주석 그리고 당 중앙군사위원회 주석으로서 당·정부·군대를 모두 지휘하는 최고 권력자였지만, 혼자서 중화인민공화국을 대표하는 얼굴이 되지 않았다.

중국공산당 기관지《인민일보》가 1950년부터 1966년까지 건국기념일의 제1면에 실은 사진은 당시 국가를 대표하는 얼굴이 누구인지 잘 보여준다. 1950년 10월 1일, 건국 1주년이 되는 날의《인민일보》제1면에는 그림의 ①과 같이 마오쩌둥과 쑨원의 사진이 함께 실렸고, 1953년까지 같은 구도의 사진이 실렸다. 1954년부터 1958년까지는 공산당 인사들의 단체사진 혹은 마오쩌둥이 인민들과 함께 한 사진이 실렸다. 건국 10주년이 되는 1959년 4월에는 류사오치가 국가 주석으로 선출되면서 건국기념일의 사진이 그림의 ②와 같이 바뀌었고, 1965년까지 줄곧 같은 사진이 실렸다. 그리고 문화대혁명이 시작된 1966년부터 1969년, 1972년부터 1976년까지는 마오쩌둥의 단독 사진이 실렸다(그림의 ③).*

중화인민공화국에서 가장 중요한 기념일,《인민일보》제1면에 실린 사진은 마오쩌둥의 권력이 문화대혁명 전까지 변화가 있었음을 보여준다. 건국 후 4년 동안, 중국공산당은 쑨원을 소환하고 마오쩌둥을 쑨원과 같은 반열에 놓음으로써 지지기반을 확대했다. 1954년 헌법이 제정되고 전국인민대표대회와 국무원을 비롯한 국가기구들이 정식으로 출범하자, 마오쩌둥은 인민들과 함께 하는 지도자로 자리매김 되었다. 1959년 4월, 전국인민대표대회에서 류사오치가 국가 주

---

* 1970년에는 린뱌오와 함께 톈안먼에서 군중에게 손을 흔드는 사진이 실렸고, 1971년에는 사진이 없었다.

석에 선출되면서 당 주석 마오쩌둥은 류사오치와 당과 국가의 권력을 분점하게 되었다.

마오쩌둥이 국가 주석에서 물러난 뒤, 1959년 후반부터 농업 분야를 시작으로 대약진운동의 파괴적인 결과가 표면화되었다. 식량생산은 곤두박질쳤고, 공업 분야의 성과는 단지 통계수치만 높은 껍데기였음이 드러났다. 중국공산당은 7·8월의 루산회의를 통해 건국 10년 만에 직면한 부정적인 상황에 대처하기 위해 지혜를 모았다. 하지만 어려움 속에서 균열이 보이기 시작했다. 마오쩌둥에게 진심어린 고언의 편지를 보낸 펑더화이는 혁명동지 마오쩌둥에게 내쳐졌고, 국방부 장관의 자리는 린뱌오에게 넘어갔다.

혁명동지들 사이의 더 큰 갈등은 본격적인 조정정책이 시작되면서 불거졌다. 조정정책은 추락한 농업생산을 회복시켰고, 시장을 통해 상품을 구입할 수 있게 했으며, 중공업에 치우친 산업구조를 바꾸어 공산품의 공급을 늘렸다. 경제회복은 류사오치와 그를 지지하는 사람들이 목소리를 높여주었다. 1962년 1월, 중국공산당 주석 마오쩌둥은 7천인대회를 통해 대약진운동의 실패를 정리하고 자신의 주도권을 강화하려 했다.

베이징 시장 펑전은 7천인대회에서 정책의 최종 결정권자였던 마오쩌둥에게도 책임이 있고 잘못을 인정해야 한다고 직격탄을 날렸다. 중앙선전부 부부장 천보다陳伯達는 주석을 비판하는 것이 옳지 않다고 반박했고, 저우언라이도 당을 위해 단합을 강조했다. 류사오치는 대약진의 참상이 인재人災 70퍼센트, 천재天災 30퍼센트 때문이라고 평가하면서도, 당 중앙과 국무원, 그리고 그 휘하의 부서들이 업무를 처리하는 과정에서 잘못을 저질렀다는 절제된 표현을 썼다. 한편, 린뱌오는 마오쩌둥이 언제나 옳았기 때문에 그 생각을 따라야 한다고 찬양했다.

7천인대회는 표면적으로 원만하게 마무리되었다. 당시 류사오치는 덩샤오핑과 함께 조정정책을 이끌고 있었다. 덩샤오핑은 대회 폐막 하루 전의 연설에서 당 중앙이 1935년 쭌이회의 이후 마오쩌둥 동지를 중심으로 위대한 성취를 이루었고, 앞으로도 마오쩌둥을 중심으로 계속 발전할 것이라고 강조했다. 류사오치는 마지막 날에 자신이 당의 노선과 그 중심에 있는 마오쩌둥의 지시를 어겼기 때문에 대약진의 참상이 나타났다고 반성했다. 대회의 참석자들은 대약진운동의 참상이 당 내부에서 당 중앙과 마오쩌둥의 지시를 잘못 이행한 사람들 때문이라는 결론을 내렸다.

마오쩌둥의 권위는 7천인대회에서 훼손되었다. 당·국가체제에서 중앙정치국 상무위원회의 상무위원은 핵심권력자들이었다. 당시 상무위원은 마오쩌둥, 저우언라이, 주더, 천윈, 덩샤오핑, 린뱌오 등이었다. 펑전은 17명의 정치국위원 중 한 명으로 권력서열은 10위 정도였다. 수직적인 위계질서 속에서 권력서열 10위였던 펑전이 마오쩌둥에게 비판적인 발언을 했다는 사실 자체가 이례적이었다. 펑전은 베이징 시장으로서 수도에서 강한 정치적 영향력을 갖고 있었고, 고

도로 정치화된 사회에서 돌출된 행동을 할 정도로 어리석지 않았다. 그의 발언은 중국공산당 내부에 마오쩌둥이 대약진운동의 참혹한 결과에 대한 책임에서 자유로울 수 없다는 여론이 있었음을 의미한다.

1956년 쌍백운동은 당의 정책과 노선을 반대하는 인사들을 색출하는 수단이 되었고 반우파투쟁으로 변질되었다. 마찬가지로, 당의 단결과 화합을 위해 열렸던 7천인대회도 당 내부에서 마오쩌둥의 노선에 이견을 가진 인사들이 확인되는 계기가 되었다. 국가 주석 류사오치가 경제발전의 목표를 낮추고 조정정책을 추진하는 동안, 당 주석 마오쩌둥은 인민들에게 사회주의사상을 고취하고 정치적 주도권을 회복하려는 목적으로 사회주의교육운동, 레이펑雷鋒 배우기, 다자이大寨 배우기, 삼선건설三線建設 등을 진행했다.

사청운동으로 불리는 사회주의교육운동은 1962년 8월부터 1965년 1월까지 마오쩌둥의 주도 아래 진행되었다. 마오쩌둥은 조정정책으로 도입된 자류지나 자유시장이 사회주의의 근본을 무너뜨리고 있고, 사회주의를 지켜내기 위해 사상을 제대로 무장해야 한다고 여겼다. 류사오치와 덩샤오핑이 이제 겨우 악몽에서 벗어난 경제상황을 회복하기 위해 조정정책에 매진했던 것과 반대의 길을 걷고 있었던 것이다.

순직한 군인 레이펑의 일기에서 마오쩌둥사상을 학습했던 날들에 대한 기록이 발견되었다. 1963년 3월 5일, 그가 순직한 날을 기념하여 레이펑 배우기 운동이 시작되었다. 특히, 국방부장관 린뱌오는 군

레이펑 동지를 배우자는
우표(위), 농업에서 다자이를
배우자는 포스터(아래)

全党动员 大办农业 为普及大寨县而奋斗

대 내부에서 레이펑 배우기를 통해 마오쩌둥에 대한 숭배 분위기를
고취시켰다.

1964년 10월 2일, 인민대회당에서 마오쩌둥을 찬양하는 오페라
〈동방홍東方紅〉이 공연되었다. 10월 16일, 중화인민공화국은 핵보유
국이 되었다. 마오쩌둥은 소련과의 관계에 문제가 생기고 미국의 위
협이 여전한 상황에서 핵전쟁에 대비해야 한다는 이유로, 공업기지를
내륙으로 옮기는 삼선건설을 주장했다. 그는 국제정세를 국내정치 안
으로 끌어들이고 주도권을 장악하는 방식을 사용했다. 12월, 마오쩌
둥은 산시성 다자이의 사회주의공동체가 이뤄낸 성과를 근거로 농업

은 다자이를 배우라는 지시를 내렸다.

1965년 1월, 마오쩌둥은 23조의 농촌공작문서를 발표했다. 문서는 생산력보다 생산관계가 더 중요하고, 자본주의의 길을 걷는 당 내부의 세력을 숙청해야 한다는 점을 명확하게 밝혔다. 이것은 조정정책을 주도하던 류사오치 등에게 자본주의 길을 걷는 주자파走資派라는 딱지를 붙이면서 전면전을 선포한 것이었다.

혁명열기

인민과 당 간부들 사이에서 1965년 마오쩌둥의 주자파에 대한 비판은 과거 반우파투쟁 정도로 여겨졌고, 한차례 소나기처럼 지나갈 것이라고 보는 시각이 많았다. 더구나 당 내부에서 마오쩌둥의 권위가 예전 같지 않았고, 정치의 중심이었던 베이징은 펑전의 영향력이 강했으며, 주자파로 공격받던 류사오치는 국가 주석으로서 무시할 수 없는 권력을 지니고 있었다. 마오쩌둥은 게릴라전처럼 상하이라는 외곽을 쳐서 베이징이라는 중심을 흔들었다.

1965년 11월 10일, 상하이 《문회보文匯報》에 야오원위안姚文元의 〈신편 역사극 〈해서파관〉을 평함〉이라는 글이 실렸다. 야오원위안은 〈해서파관〉이 자본주의 요소가 담긴 생산청부제를 옹호하여 부르주아와 지주의 부활을 꿈꾸고 펑더화이의 명예회복을 시도하려는 것이라고 비난했다. 그의 글은《북경일보》(11.29.)·《인민일보》(11.30.) 등에 잇따라 게재되었다. 공산당 내부에서는 연극의 표현 범위를 둘러싼 논란이 일어났고, 정치문제로 변할 가능성이 있었다.

1966년 2월, 중국공산당 중앙위원회 서기처(총서기 덩샤오핑) 산하에 있던 문화대혁명 5인소조(조장 펑전)는 문학과 예술 분야의 표현은 학술논쟁에 머물러야 한다는 〈2월 제강〉을 발표했다. 덩샤오핑 등은 〈해서파관〉이 정치문제로 비화하는 것을 막으려 했다. 펑더화이에 대한 비판의 화살은 조정정책을 추진하는 류사오치·덩샤오핑 등에게 향할 수 있는 폭발력을 갖고 있었기 때문이다. 하지만 논란은 수그러들지 않았다. 마오쩌둥은 어떤 공식적인 언급도 피했고, 자신의 소재도 공개하지 않았다.

기회를 기다리며 침묵하던 마오쩌둥이 마침내 움직였다. 1966년 5월 4일부터 중국공산당 중앙위원회 정치국 확대회의가 열렸다. 5월 16일, 회의에서 마오쩌둥이 직접 준비한 중국공산당 중앙위원회 통지(5·16통지)가 결정되었다. 그는 자본주의의 길을 걷는 당권파(주자파)가 반동적인 학술권위를 형성하여 문화 분야뿐만 아니라 당 내부에서까지 활동하고 있다면서, 주자파를 제거하는 문화혁명이 필요하다고 주장했다. 회의 폐회 전날, 베이징 시장 겸 중앙서기처 서기 펑전 등을 해임하는 결정도 이뤄졌다.

5·16통지를 계기로 문화대혁명 5인소조를 대신하여 중앙문화혁명소조가 조직되었다. 마오쩌둥의 핵심측근 중앙선전부 부부장 천보

다가 소장, 중앙위원회 서기처 서기 캉성康生이 고문, 마오쩌둥의 아내 장칭江青과 상하이시 서기 장춘차오張春橋가 부조장을 맡았다. 중앙문화혁명소조의 설치는 중앙서기처 총서기 덩샤오핑, 더 나아가 국가주석 류사오치의 권력 기반을 제거하는 장치였다. 중앙문화혁명소조는 차츰 최고 정책결정기구 중앙정치국을 대신하게 되었다.

5월 25일, 베이징대 강사 녜위안쯔聶元梓는 중앙문화혁명소조의 지시를 받아 총장 등 지도부를 격렬히 비판하는 대자보를 붙였다. 5월 29일, 칭화대학 부속고등학교의 학생 40여 명이 홍위병을 조직했다. 6월 1일, 마오쩌둥은 공개적으로 녜위안쯔와 홍위병의 활동을 지지하며, 프랑스에서 공화정을 지키기 위해 시민들이 봉기하여 파리코뮌을 수립한 것과 비교했다. 같은 날,《인민일보》는 모든 잡귀신을 쓸어버리자는 사설로 이에 호응했고, 다음날에는 녜위안쯔의 대자보를 자세히 보도했다.

류사오치 국가 주석은 당 기관지《인민일보》가 마오쩌둥의 뜻에 따라 인민들에게 행동에 나서라고 선동하는 것에 반기를 들었다. 6월 8일, 류사오치는 중앙정치국 확대회의를 소집하여 대자보, 시위, 폭력행위 등을 금지하는 지시를 결정했다. 아울러 공작조를 파견하여 홍위병을 설득하여 과격한 행동을 막고 상황을 통제할 수 있게 되었다. 이때 홍위병은 주로 출신성분이 좋은 고위간부의 자제들이었고, 반우파투쟁 때 우파로 몰렸던 인사들을 공격 대상으로 삼았다. 이들은 공작조와 협력했고, "아버지가 영웅이면 아들은 대장부이고, 아버

베이징대에 붙은 녜위안쯔의 대자보

지가 반동이면 아들은 개새끼다"는 식으로 혈통론을 내세웠다.

　일부 대학생들은 혈통론과 공작조의 활동에 반대했고, 반란에는 이유가 있다는 조반유리造反有理라는 뜻에서 자칭 조반파라고 명명했다. 홍위병은 혈통파와 조반파로 분열되었고, 공작조의 지원을 받은 혈통파가 더 큰 세력을 형성했다. 혈통파는 공작조와 연대하여 당과 정부의 권력구도를 옹호했고, 조반파는 기존의 권력구도 자체를 무너뜨리려 했다. 상황을 주시하던 마오쩌둥이 반격을 개시했다. 7월 26일, 마오쩌둥은 혁명도시 우한으로 가서 창강長江을 헤엄쳐서 건너는 장면을 연출했다. 그는 베이징으로 돌아와서 공작조가 문화혁명을 방해하고 있다고 비난했다.

1966년 8월 1~12일, 중국공산당 제8기 전국대표대회 제11차 중앙위원회 전체회의(8기 11중전회)가 열렸다. 5일에는 마오쩌둥이 〈나의 대자보: 사령부를 포격하라〉를 발표했고, 8일에는 〈중공중앙무산계급문화대혁명에 관한 결정〉(=〈문혁16조〉)이 통과되었다. 16조는 문화대혁명이 전면적으로 시작되었음을 알리는 신호탄으로 크게 두 가지 분명한 목표가 제시되었다. 하나는 주자파를 분쇄하는 일이었다. 다른 하나는 사상·문화·풍속·습관에서 낡은 네 가지四舊를 타파하고 새로운 네 가지四新를 창조하여, 파리코뮌 같은 권력기구를 세우는 일이었다.

8기 11중전회 이후, 중국공산당 내외부에서 주자파로 지목된 류사오치와 덩샤오핑에 대한 대대적인 공격이 시작되었다. 10월 23일, 중국공산당 중앙위원회 공작회의에서 두 사람은 자아비판 문서를 제출했다. 12월이 되자, 두 사람을 비판하는 집회가 전국에서 개최되었고, 펑전, 천원, 양상쿤楊尙昆 등 많은 중앙정치국 위원들도 비판의 표적이 되었다. 혈통파나 조반파 홍위병을 비롯한 각종 홍위병 조직에 가담한 학생들을 비롯하여 일반 학생들까지, 전국에서 학생들이 서로 경험과 정보를 교환하는 혁명 대교류大串聯를 진행했다. 1967년 초까지 혁명 대교류에 참여한 학생과 교사들이 전국에서 3000만 명에 이르렀다.

1967년이 되자 혁명의 열기는 더욱 거세졌다. 거리와 광장은 사람

텐안먼 망루 위에서 홍위병을 접견하는 마오쩌둥

들로 넘쳐났다. 혁명계급들은 그들대로 자신의 순수혈통을 증명하고, 그렇지 않은 계급들은 혁명성을 입증해야 살아남을 수 있다는 사실을 본능적으로 느끼고 있었다. 그래서 열정적으로 참여했다. 노동자들도 혁명에 가담하기 시작했고, 그들은 〈문혁16조〉를 근거로 파리코뮌을 본떠서 낡은 권력을 대체하는 인민자치조직을 만들었다. 2월에 등장한 상하이인민공사(상하이코뮌)가 대표적이었다. 상하이인민공사는 인민들이 각급 정부로부터 권력을 빼앗아서 장악하는 탈권奪權운동을 전개했다. 4월 1일, 《인민일보》에는 류사오치를 당내 최대의 실권파로서 중국의 흐루쇼프라고 공격하는 글이 실렸다. 류사오치와 덩샤오핑 등을 공격하는 집회의 규모는 더욱 커졌다.

1967년 봄, 홍위병의 행동은 더욱 대담해졌다. 《인민일보》의 기사를 이용하여 류사오치를 수정주의자이고 중국의 흐루쇼프라고 비난했고, 그의 부인과 함께 공개적인 비판을 받게 했다. 홍위병은 류사오치의 거처를 포위했고, 공산당에 그를 파면하라고 요구했다. 당 총서기 덩샤오핑, 군대의 원로 주더, 부총리 보이보薄—波 등도 공개적으로 모욕을 당했다. 홍위병의 거침없는 행동은 통제받지 않았고, 그들의 행동은 더욱 거칠어졌다. 7월, 우한에서 백만웅사百萬雄師라는 조직이 자신들을 비판한 중앙문화혁명소조의 두 소조원을 감금했고, 그들을 구출하는 과정에서 수많은 사상자를 낳은 사건이 발생했다(우한사건).

1967년 9월 5일, 마오쩌둥은 질서회복을 위해 군대 동원을 지시했다. 군대는 회유와 강압의 수단을 사용하여 각종 홍위병을 해산했고, 상하이인민공사는 당과 군이 주도하는 혁명위원회로 대체되었다. 혁명위원회는 전국에 걸쳐 구성되었다. 1968년 10월, 중국공산당 제8기 전국대표대회 제12차 중앙위원회 전체회의(8기 12중전회)가 개최되었다. 류사오치는 제국주의, 현대수정주의, 국민당 앞잡이로 당에서 영구 제명되었다. 국가 주석은 공석이 되었다. 덩샤오핑은 당적을 유지했지만, 자유로운 활동이 금지된 감찰 대상이 되었다.

1969년 4월 1~24일, 중국공산당 제9기 전국대표대회가 13년 만에 개최되었고, 문화대혁명이 성공적으로 마무리되었다고 선포했다. 대회에서 선출된 중앙위원 170명, 후보위원 109명 가운데 53명만이 연임에 성공했다. 군 출신은 각각 77명과 50명으로 전체의 45퍼센트를 차지했다. 국방부장관 린뱌오는 "마오쩌둥 동지의 가장 친밀한 전우이자 후계자"로 중국공산당의 규약에 명기되었다. 권력투쟁으로서 문화대혁명은 마오쩌둥과 그의 권력에 줄을 선 사람들의 완전한 승리로 마무리되었다.

조반외교

문화대혁명의 발생 요인 중에는 마오쩌둥을 중심으로 하는 정치세력이 국제사회의 외교상황을 자신의 정치적 목적에 이용한 측면이 존재한다. 중화인민공화국은 건국 초기에 소련 일변도정책을 펼쳤고, 1950년대 중반에는 평화공존을 표방하면서 아시아와 아프리카 국가로 외교관계의 폭을 넓히려 했다. 1950년대 후반부터 소련·인도와의 관계에 균열이 생겼고, 대약진운동에 이어 문화대혁명으로 사회가 불안해지자 외교노선도 변화가 나타나기 시작했다.

문화대혁명을 전후한 시기 중화인민공화국의 대외정책은 신新중간지대론, 조반造反외교, 삼반三反투쟁 등으로 요약된다. 1964년 1월 24일,《인민일보》는 사설에서 서유럽, 오세아니아, 캐나다 등 미국 이외의 자본주의국가를 신중간지대, 즉 제2의 중간지대라고 규정했다. 원래 중간지대는 동남아시아, 아프리카, 중동, 라틴아메리카 등에서 자본주의와 사회주의 진영에 속하지 않는 국가였는데, 이제 그 국가들은 제1의 중간지대가 되었다. 사흘 뒤, 프랑스가 중화인민공화국과 수교한 것을 서방 자본주의국가의 분열로 받아들였다.

신중간지대론은 오래 가지 않았다. 1964년 말에는 소련이 국경지대에 대규모 군대를 배치했고, 중소관계는 회복하기 어려운 상황이 되었다. 또한 문화대혁명이 발생한 뒤, 중화인민공화국은 한동안 외교를 수행할 여력이 없었고, 융통성을 발휘할 수도 없었다. 결국 1960년대 후반, 중화인민공화국은 국제외교에서 미국과 소련이라는 두 강대국과 대치하는 두 개의 전선을 갖게 되었고, 이른바 두 개의 전선二條線에서 외교전을 전개했다.

두 개의 전선에서 미국과 소련은 모두 중국공산당에 적대적이었다. 1966년 8월, 중국공산당은 제8기 11중전회에서 〈문혁16조〉를 결정했고, 문화대혁명이 전면적으로 시작되었다. 당시 회의에서 미국과 소련을 각각 제국주의와 수정주의 국가로 규정했다. 국내의 상황은 외교에서도 그대로 적용되었다. 중국공산당은 대외적으로 제국주의국가, 수정주의국가, 그리고 그 국가들을 추종하는 반동국가 등 세 가지 형태의 국가를 반대하는 삼반투쟁을 전개하기로 했다. 삼반투쟁을 바탕으로 한 외교정책이 조반외교였다. 조반造反이라는 말 그대로 혁명을 추구하는 전략에 발을 맞춘 것이고, 여기서 혁명은 세계혁명을 의미한다.

조반외교는 중국공산당이 소련을 견제하고 고립을 피하기 위해 선택한 노선이었다. 하지만 현실을 전혀 고려하지 않았고 폭력적인 방식이었기 때문에 더 큰 외교적 고립을 초래했다. 외부인들에게 중화인민공화국은 죽竹의 장막에 둘러싸인 고립된 국가로 비춰졌다. 해외에 파견된 외교관들은 문화대혁명과 마오쩌둥사상을 열정적으로 선전했다. 그들은 기존의 외교관례나 원칙을 완전히 무시했고, 오로지 마오쩌둥사상을 선전하고 주재국의 사회주의자들을 선동하는 활동에 집착했다.

홍위병은 베이징의 외국 대사관을 공격했다. 특히 영국대사관을 약탈하고 그 직원들을 폭행하는 일까지 벌어졌다. 황당한 일은 거기에서 그치지 않았다. 영국정부는 외교부장관 천이에게 일단 대사관의 직원들을 철수시킨 뒤에 사건의 처리에 관해서 논의하자는 서신을 보냈다. 하지만 천이도 홍위병의 공격을 받고 있었기 때문에 회신을 할 수 없었다. 홍위병이 영국과 소련대사관을 공격한 사건은 국제 여론을 악화시켰다. 폴란드, 동독, 체코, 헝가리, 불가리아 등 동유럽의 사회주의국가들은 소련의 입장에서 중화인민공화국을 비난했다. 중국공산당은 그 국가들까지 수정주의 집단으로 몰아갔고, 국제사회에서 고립이 더 심해졌다.

국제사회에서는 '죽의 장막'이 국제사회에서 고립된 중국을 가리키는 용어로 사용되었다. 제2차 세계대전 이후 영국 수상 처칠은 소련과 동유럽의 사회주의국가들이 '철의 장막'을 치고 있다면서 그 폐쇄적인 성격을 비판했다. 이제 소련이 미국과 관계개선을 도모하고 있는

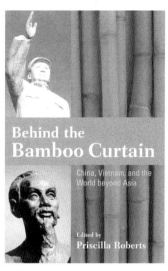

Behind the Bamboo Curtain

China, Vietnam, and the World beyond Asia

Edited by
Priscilla Roberts

죽의 장막을 다룬 책

상황에서 중화인민공화국이 지닌 폐쇄성은 국제사회의 비판에 직면했다. 인민들은 혁명의 열기 속에서 자신을 지키는 것이 더 급했다. 국내정치에 불리한 외부 세계의 소식은 인민들에게 전달되지 않았다. 그와 반대로, 유리한 소식은 국내정치에 적절하게 이용되었다.

1968년 8월, 체코슬로바키아에서 '프라하의 봄'으로 불리는 민주화운동이 일어났다. 소련군과 바르샤바조약기구 군대 20만 명이 이 운동을 제압했다. 중앙인민정부는 강력하게 반발했다. 8월 23일, 《인민일보》는 소련이 완전히 도둑놈의 논리로 체코 인민의 시위를 진압했다고 비난했고, 저우언라이 총리도 소련은 사회주의를 배신하고 제국주의 파시즘 국가로 전락했다고 목소리를 높였다. 같은 해 11월, 브레즈네프 독트린이 발표되었다. 소련 공산당 서기장 브레즈네프는 특정 나라에서 사회주의가 위협을 받을 때 그것은 그 나라만의 문제가 아니라 사회주의국가들 전체의 문제이기 때문에 군대를 동원해서라도 질서를 회복할 필요가 있었다고 정당화했다.

국제정세의 변화 속에서 중화인민공화국은 국제사회에서 소련과 미국 어느 쪽에도 속하지 않는 국가들을 자신의 편으로 끌어들이는 외교 전략을 선택했다. 이러한 외교 전략을 바탕으로 1970년에 마오 쩌둥은 '3개 세계론'을 발표했다. 그는 세계가 패권을 추구하는 소련과 미국이라는 제1세계, 소련과 미국에 대해 중간적인 입장을 취하는 자본주의국가라는 제2세계, 그리고 패권에 반대하는 개발도상국 및 저개발국가라는 제3세계가 존재한다고 여겼다. 3개 세계론은 1950년대 중반 아시아·아프리카의 비동맹국가들을 포섭하려던 전략에서 출발하여 1960년대 중반의 신중간지대론을 거친 뒤에 체계화된 전략이었다.

중소관계는 잇따른 국경 충돌이 발생하면서 갈수록 악화되었다. 1969년 3월, 중소 국경지역의 우수리강에 위치한 전바오다오珍寶島(소련에서는 다만스키섬으로 부름)에서 양국의 국경수비대가 충돌했다. 8월에는 신장 지역에서도 양국 수비대가 충돌하고 국경선을 넘는 사건이 여러 차례 발생했다. 10월이 되자, 국방부장관 린뱌오는 소련의 침략에 대비하여 전쟁준비를 강화해야 한다는 긴급지시를 내렸다. 하지만 마오쩌둥이 그의 지시를 급히 취소하여 소련과 군사충돌로 나아가지는 않았다.

시간이 지난 뒤에 알려진 흥미로운 사실이 있다. 중화인민공화국이 국내외에서 언론과 비공식적인 방식을 통해 소련과 미국에게 말폭탄을 던지고 적대감을 드러내면서도 고립된 국면을 타개하려는 시도는 계속되고 있었다. 중국공산당이 고립을 벗어나기 위해 선택한

홍위병 공격으로 폐허가 된 영국대사관

소련 전차를 막아선 체코시민들

전략은 소련이 아니라 미국에 접근하여 관계개선을 위해 물밑 협상을 벌이는 것이었다.

중미관계를 개선하려는 시도는 미국에서 새로운 정권이 출범한 것과 관련이 있었다. 1969년 1월, 리처드 닉슨R. Nixon이 대통령 임기를 시작했다. 7월 25일, 닉슨 대통령은 미국이 아시아·태평양 지역에서 지속적으로 주요한 역할을 수행한다는 대전제 아래 아시아 주둔 미군의 점진적인 철수, 아시아 국가들이 아시아의 문제를 자주적으로 처리하게 한다는 괌 독트린을 발표했다. 괌 독트린은 미국이 중화인민공화국과의 관계개선을 통해 베트남에서 명예롭게 철수하려는 전략에서 나온 것이었다.

하지만 중미관계가 개선되기 위해서는 갈 길이 멀었다. 1969년 3월, 마오쩌둥은 문화대혁명 과정에서 숙청을 당하고 공장에서 노동개조를 진행하던 천이, 예젠잉葉劍英 등 인민해방군 장군들을 다시 복귀시켰다. 군대는 권력의 중심이었고, 중화인민공화국의 주적은 여전히 제국주의의 수괴, 미국이었다.

마오쩌둥은 대약진운동의 실패가 자신의 잘못 때문
이라고 여기지 않았다. 린뱌오와 사인방은 마오쩌둥
의 잘못을 비판하기보다 그를 떠받들었다. 그들은 조
정정책에 매진하던 류사오치 국가 주석에게 반기를
들었고, 마오쩌둥의 뜻을 받들어 사회주의를 지켜야
한다면서 학생들을 선동하여 거리로 나가게 만들었다.
거리의 문화대혁명은 1969년에 끝났다. 하지만 권력
에 대한 탐욕으로 마오쩌둥을 숭배하던 인간들은 혁
명이 계속되기를 희망했고, 그들의 권력 농단은 거리
의 광풍 뒤에 본격적으로 시작되었다.

비림비공 批林批孔

　문화대혁명은 이론적으로 계급이 사라진 사회주의를 지향했다. 하지만 문화대혁명이 공식적으로 마무리된 후, 중화인민공화국에서 계급과 혈통은 오히려 개인의 사회적 지위를 결정하는 열쇠가 되었다. 1957년 반우파투쟁 과정에서 처음 등장했던 홍紅5류와 흑黑5류의 혈통 구분 방식은 더욱 굳건해졌다. 홍5류는 혁명간부, 혁명군인, 혁명유족, 노동자, 농민 출신이고, 흑5류는 구舊지주, 구舊부농, 반혁명분자, 악질분자, 우파분자이다. 문화대혁명 과정에서 계급분류는 혁명과 반동 혹은 우리와 적들을 구분하는 수단이었다.

　마오쩌둥은 군대의 강력한 지지를 바탕으로 인민의 우상이 되었다. 대약진의 실패, 사회의 특권층 등장은 사회주의의 실패가 아니라, 주자파들의 책동 때문이었던 것으로 정리되었다. 중국공산당과 마오쩌둥을 신봉하는 지도부는 책임으로부터 자유로워졌다. 죽의 장막 안에서 마오쩌둥을 정점으로 하는 정치질서가 만들어졌다. 그 질서의 행동대장은 마오쩌둥이 위기에 직면했을 때 온몸으로 막아낸 린뱌오였다.

린뱌오는 마오쩌둥을 신으로 숭배했고, 마오쩌둥의 사상과 어록을 군대 전체에 확산시켰다. 마오쩌둥이 인간세계로부터 멀어질수록 마오쩌둥 옆에 붙어 있는 린뱌오의 지위와 권위도 높아졌다. 린뱌오는 마오쩌둥에 대한 개인숭배를 자신의 정치적 도구로 삼았다. 개인숭배와 계급분류라는 표면적인 현상만 놓고 본다면, 1970년 중화인민공화국은 계급과 소유가 사라진 사회주의를 지향하는 공화국이 아니었다. 오히려 마오쩌둥이라는 황제가 공산당 간부라는 귀족들을 거느린 왕조에 가까웠다.

개인숭배가 존재하는 국가에서 권력이 사유화되는 것은 보기 드문 일이 아니다. 또한 집단 사이에 계급 혹은 계층의 칸막이가 존재하는 사회에서 특권이 형성되고 특권을 위해 파벌이 만들어지는 것은 자연스러운 일이다. 문화대혁명에서 인민들은 자신이 혁명을 지지하는 사람임을 증명하고 살아남기 위해서든, 마오쩌둥사상을 진심으로 신봉하고 사회주의를 실현하기 위해서든 거리로 쏟아져 나갔다.

거리의 혁명이 군대에 의해 정리되자, 인민들에게 남은 것은 불신이었다. 자신이 공격했던 사람이나 자신을 공격했던 사람들과 손쉽게 화해하기 어려웠다. 그것은 시간이 필요한 일이었다. 정치집단 내부도 상황은 비슷했다. 마오쩌둥이라는 절대적인 숭배 대상이 권력의 정점에 있는 상황에서 법과 제도가 아니라 인간관계에 의한 통치가 우선이었고, 정치집단들 사이에 권력투쟁이 벌어졌다.

1969년 4월의 중국공산당 제9기 전국대표대회를 통해 구성된 지도부는 표면적으로 마오쩌둥을 정점으로 일사분란하게 움직일 것처럼 보였다. 하지만 지도부는 통합된 모습을 보여주지 못했다. 마오쩌둥이 린뱌오를 자신의 후계자로 지명하고 인위적으로 린뱌오의 정치적 위상을 높였지만, 린뱌오는 2인자로서 당을 이끌 만한 힘이 없었다. 결국 공산당 지도부는 일부 군인들의 지지를 받는 린뱌오, 기술관료의 지지를 받는 저우언라이, 장칭·장춘차오·왕훙원王洪文·야오원위안 등 사인방이 세 개의 파벌을 형성했고 대립했다. 1970~74년 린뱌오 사건과 비림비공운동은 공산당 내부에서 벌어진 권력투쟁의 양상을 잘 보여준다.

린뱌오는 문화대혁명을 통해 가장 큰 지위를 얻게 된 인물이었다. 그의 정치적 위상은 스스로 얻어낸 것이 아니라 마오쩌둥을 이용한 것이었다. 거리의 혁명이 마무리된 뒤에도, 린뱌오는 자신의 정치적 위상을 유지하려 했다. 문화대혁명 과정에서 전국에 군대 중심의 혁명위원회가 설치되었고, 공식적으로 혁명이 종결된 이후 혁명위원회는 당 중심의 지방위원회로 대체되기 시작했다. 그런데 린뱌오는 자신의 영향력이 줄어드는 것을 막기 위해 혁명위원회가 지방위원회로 대체되는 것을 지체시켰다. 결국 지방위원회의 설치는 중국공산당 제9기 전국대표대회가 개최된 지 1년 반이 지난 후에 완료되었다.

마오쩌둥은 지방위원회 설치를 둘러싼 린뱌오의 태도에 불만을 갖게 되었다. 린뱌오는 린뱌오대로 계급투쟁을 잊지 말라고 했던 마오쩌둥이 변했다고 여길 수 있었다. 두 사람의 정치적 노선은 미국과의

1969년 중국공산당 제9기 전국대표대회 당시 맨 앞줄에서 마오쩌둥에게 박수치는 린뱌오

관계를 놓고 결정적으로 갈라졌다. 1971년 7월, 마오쩌둥이 미국 국무장관 헨리 키신저H. Kissinger를 접견했다. 미제국주의의 고위 인사를 사회주의 중심 국가를 꿈꾸다던 마오쩌둥이 만난 것이었다. 린뱌오는 미국과의 관계 개선에 대해 반대했다. 그는 마오쩌둥이라는 우상을 통해 정치적 지위를 확보했기 때문에 자신의 정치를 시작하면서 위험에 빠졌다.

1971년 9월 13일 새벽, 린뱌오가 탄 비행기가 몽골 국경에서 추락했고, 그의 부인과 아들을 포함한 탑승객은 모두 사망했다. 이틀 뒤, 베이징의 공군학원에서 〈571공정기요工程紀要〉라는 문건이 발견되었다. 571의 중국어 발음은 무장봉기를 뜻하는 '우치이武起義'이다. 해당 문건은 린뱌오가 마오쩌둥의 특별 열차를 폭파하려는 거사 계획과 그 이유 아홉 가지를 포함한 내용을 담고 있었다. 쿠데타 문건이 발견되었다는 사실은 린뱌오의 사망에 대한 의문을 오히려 크게 만들었다. 당시 인민들은 린뱌오가 죽은 지 세 달이 지난 뒤에야 그 사실을 알게 되었다.

한때 "마오쩌둥 동지의 가장 친밀한 전우이자 후계자"였던 인물이 갑작스럽게 가족과 함께 비행기를 타고 망명하다가 국경에서 추락하여 사망한 것이다. 상식적인 인민들은 급작스럽게 상황이 바뀐 것에 어리둥절할 수밖에 없었다. 린뱌오는 실권을 지닌 2인자를 용인하지 않는 마오쩌둥의 권력의지를 제대로 파악하지 못했고, 자신이 마오쩌둥의 자리에 앉을 수 있다고 오판했다. 저우언라이가 마오쩌둥의 심기를 불편하게 만들지 않고 관료로서 정부의 행정을 이끌며, 총리로서 직분을 넘어서지 않았던 것과 달랐다.

린뱌오라는 버팀목이 사라지자, 조정정책을 주도했던 실용주의자들이 저우언라이와 함께 다시 주도권을 회복하는 듯이 보였다. 1971년 10월, 중화인민공화국은 유엔 상임이사국의 자리를 차지했다. 1972년 2월, 닉슨 대통령이 베이징을 방문했다. 여전히 중미관계는 안개 속에 있었지만, 이로써 관계개선의 돌파구가 열리게 되었다. 린뱌오가 사라지고 미국과의 관계 개선이 가시화되면서 문화대혁명으로 비판받던 인물들도 복귀했다. 1972년 1월, 공산주의청년단 주석 겸 산시성 제1서기였던 후야오방胡耀邦의 이름이 《인민일보》에 보이기 시작했다. 4월, 덩샤오핑이 저우언라이의 도움으로 공식 석상에 나타났다.

1973년 8월 24~28일, 중국공산당 제10기 전국대표대회(10전대회) 가 개최되었다. 린뱌오의 이름은 당의 규약에서 삭제되었고, 덩샤오 핑은 다시 중앙위원회 위원 및 중앙정치국 상무위원으로 선출되었 다. 이 대회에서 저우언라이를 중심으로 하는 파벌은 서방과의 긴장 완화, 경제문제에 대한 관심을 호소했다. 반면 왕훙원은 사인방을 대 표하여 미소 양국을 비난하고 혁명을 강조했다. 10전대회는 린뱌오 가 사라진 점을 제외한다면 당내의 권력구도를 변화시키지 못했다. 오히려 저우언라이의 도움으로 덩샤오핑 등이 복귀하고 과거 조정정 책 시기처럼 경제문제에 대한 관심을 호소하자, 사인방은 저우언라이 에 대한 공격을 시작했다.

마오쩌둥은 늙고 병약했으며, 아내 장칭의 정치적 욕망을 위한 도 구가 되었다. 1973년 여름, 장칭 등 사인방은 공자의 유가사상이 육 체노동을 경멸하게 만든다고 비판했다. 그들은 경제 조정정책을 말하 는 자들이 육체노동을 경멸하는 공자의 유가사상에 물들어 있다는 논 리를 만들어냈다. 즉, 공자를 비판함으로써 저우언라이를 공격하려 했다. 하지만 저우언라이는 린뱌오가 바로 공자의 유가사상에 물든 우파라면서 린뱌오와 공자를 비판하자는 비림비공을 주장했다. 결국 사인방의 계획은 노련한 저우언라이의 반격에 의해 비림비공운동으 로 전환되었다. 저우언라이는 자신의 경제정책을 계속 추진할 수 있 었다.

1975년 1월 13~17일, 베이징에서 제4차 전국인민대표대회가 열

1974년 11월, 창사시에서 악수를 나누는 마오쩌둥과 덩샤오핑

렸다. 대회는 2년 가까이 진행된 비림비공운동을 매듭짓고 경제정책을 공식화하는 자리였다. 당시 저우언라이는 암 치료를 위해 병원에 입원한 상태였지만, 정부의 업무보고를 위해 대회에 참석했다. 그는 20세기 말까지 중화인민공화국의 경제를 도약시키기 위해 '4개 현대화 계획'을 발표했다. 대회에서 덩샤오핑은 제1부총리에 선출되었는데, 이미 1월 5일의 중국공산당 중앙위원회 회의에서 중앙위원회 부주석 겸 정치국 상무위원이 된 상태였다. 1월 말에는 인민해방군 총참모장에 임명되면서 당, 정부와 군대의 요직을 차지했다.

덩샤오핑의 공직 복귀는 마오쩌둥의 최종적인 재가 속에서 이뤄진 것이었다. 1974년 11월, 덩샤오핑은 창사에서 북방의 겨울 추위를 피하고 있던 마오쩌둥을 예방했다. 당시 경제지표들이 악화되고 있었고, 마오쩌둥은 상황을 반전시킬 카드로 저우언라이의 요청을 수용하여 덩샤오핑의 정치 복귀를 용인했다. 12월 23일, 저우언라이는 마오쩌둥에게 제4기 전국인민대표대회의 준비 상황을 보고했다. 나흘 뒤인 26일, 저우언라이는 마오쩌둥의 81세 생일을 함께 했다.

4·5운동

1973~74년, 사인방은 저우언라이를 제거하기 위해 공자비판운동을 전개했는데, 저우언라이가 비림비공운동으로 반격하면서 그들의 공격은 실패로 끝났다. 1975년 1월, 제4기 전국인민대표대회를 통해 덩샤오핑은 정치에 복귀했다. 사인방은 덩샤오핑의 복귀로 자신들의 정치적 영향력이 축소될 수 있다는 위기감을 갖게 되었다. 그들은 문화대혁명이라는 선명한 혁명노선과 마오쩌둥의 권위를 통해 권력의 맛을 보았다. 따라서 결국 다시 혁명과 사상운동을 통해 지지자를 모으고 선동함으로써 위기를 넘어서려 했다.

1975년 봄, 사인방은 부르주아를 공격하고 프롤레타리아독재를 강조함으로써 혁명의 불씨를 되살리려 했다. 그들은 일부 당원들이 공산당에 소속되었을 뿐이고 여전히 부르주아의 이념을 갖고 있다고 비판했다. 사회주의가 당내 부르주아 세력의 위협을 받고 있다며 위기의식을 가져야 한다고 선동했다. 여름이 끝나갈 무렵, 10년 전 〈해서파관〉이 비판받았던 것과 유사한 상황이 나타났다.

소설 《수호전》에 대한 비판이 시작된 것이다. 1975년 8월 31일, 《인민일보》는 사설에서 주인공 송강宋江이 황실에 투항한 방랍方臘의 봉기군을 진압한 반혁명적 인물이고, 방랍은 더 성공적으로 봉기를 이끌어서 영락永樂이라는 연호를 사용하고 군주가 되었던 인물이라고 평가했다. 더 나아가 송강은 혁명가를 가장하여 반혁명을 획책하는 수정주의자라고 규정했다. 사인방의 목적은 저우언라이 등이 추진하는 경제정책을 공격하여 무력화하는 것이었다.

가을이 되자, 사인방은 특정 인물에 공격을 집중하기 시작했다. 당시 교육부장관 저우룽신周榮鑫은 저우언라이의 측근이었다. 사인방은 저우룽신이 부르주아의 잣대로 프롤레타리아 교육을 평가하려 한다고 비판했다. 겉으로는 교육정책의 문제점을 지적하는 듯이 보였지만, 그 비판의 실제 목적은 10년 전처럼 혁명의 물결로 전국을 뒤덮음으로써 저우언라이·덩샤오핑 등을 제거하고, 권력의 지분을 확장하려는 것이었다.

1976년 1월 8일, 저우언라이가 숙환으로 세상을 떠났다. 그러나 저우언라이가 없는 상황이 곧바로 사인방의 세력 확장으로 이어지지 않았다. 마오쩌둥은 대약진운동과 문화대혁명에서 자신을 강력하게 지지했던 화궈펑華國鋒을 총리서리에 지명했다. 화궈펑은 사인방이나 덩

1976년 2월 23일, 닉슨(가운데)을 접견하는 자리에서 마오쩌둥과 화궈펑

샤오핑을 비롯한 실용주의자들 가운데 어느 쪽과도 친밀한 관계를 갖고 있지 않았다. 뜻밖의 인물이 저우언라이의 빈자리를 채우게 되자, 사인방과 실용주의자들이 극단적인 파벌 다툼을 벌이는 상황으로 나아가지 않았다. 하지만 그 시간이 그리 길지는 않았다.

사실 화궈펑은 중앙에서 잘 알려진 인물이 아니었고, 줄곧 후난성에서 경력을 쌓은 인물이었다. 1970년, 화궈펑은 린뱌오가 마오쩌둥의 노선에 반기를 들자 린뱌오를 반대했고, 마오쩌둥은 그 보상으로 화궈펑을 베이징으로 불러들여 경찰 관련 업무를 맡게 했다. 1973년, 화궈펑은 치안을 책임지는 공안부장 겸 정치국 상무위원이 되었다. 원래 화궈펑은 특정 파벌에 속하지 않았는데, 총리서리가 된 뒤에는 자신의 정치를 시작했다.

화궈펑은 먼저 사인방의 손을 들어주면서 가장 강력한 적수로 보였던 덩샤오핑을 공격했다. 덩샤오핑은 이미 저우언라이의 추도식에서 추도사를 낭독한 뒤에 공식적인 무대에서 자취를 감춘 상태였다. 더 나아가 저우언라이와 덩샤오핑이 계획한 '4개 현대화'를 우경 번안풍 右傾 飜案風(우파가 상황을 뒤집으려는 풍조)이라며 공격했다. 그러나 4개 현대화에 대한 공격은 화궈펑이 예상하지 못했던 반응을 불러일으켰다.

1969년 거리의 문화대혁명이 군대에 의해 마무리되고 질서가 회복된 뒤에 인민들은 정치적인 목소리를 내고 행동하는 데 조심스러웠고 정치에 거리를 두었다. 인민들은 정치를 자신의 문제가 아니라 간부들의 문제로 보고 거리를 두는 것이 현명한 처세술이라고 여겼다. 화궈펑과 사인방이 4개 현대화를 공격하자, 인민들은 오히려 행정을 정비하고 경제를 발전시키려 했던 저우언라이의 생각과 그 생각을 계승하려 한 덩샤오핑에 대해 잘 이해하게 되었다.

1975년 4월 4일, 돌아가신 조상의 묘소를 참배하는 청명절 일주일 전, 저우언라이를 추모하는 인민들이 톈안먼 광장의 인민영웅기념비에 화환을 바치기 시작했다. 어린 학생들부터 일반 시민, 군인들까지 추모 행렬에 합류했다. 추모 행렬은 차츰 수십만 명으로 불어났고, 엄청난 인파가 광장에 모여들었다. 추모 행렬은 차츰 시위의 성격을 띠게 되었다. 시위대 안에서는 저우언라이가 생전에 마련한 4개 현대화 계획을 끝까지 지켜낼 것이라는 목소리가 흘러나왔다. 사인방은 1월

1976년 4월 4일,
인민영웅기념비 앞의 조화,
인민 그리고 자전거

15일, 저우언라이 추도식 이후 공식석상에서 자취를 감추었던 덩샤
오핑을 이 시위의 배후로 지목했다. 밤이 되고 시위대가 귀가하자, 공
안경찰은 광장의 화환을 모두 철거하여 아무 일도 없었던 것처럼 만
들었다.

4월 5일, 시민들이 다시 광장으로 모여들었다. 베이징 시장 우더
吳德는 시위가 자본주의에 물든 자들이 사주한 반혁명활동이라고 비
난했고, 공안경찰을 동원하여 시위대를 강제로 해산시켰다. 다음날부
터 공안국은 주민위원회와 단위(정부기관, 기업 등의 조직)를 동원하여

시위에 참여한 사람들을 색출했다. 한편, 화궈펑은 총리서리라는 직함에서 서리를 떼는 작업에 들어갔다.

4월 7일, 중국공산당 중앙정치국은 마오쩌둥의 제안을 근거로 화궈펑을 중국공산당 중앙정치국 제1부주석 겸 국무원 총리에 임명한다는 결의를 채택했고, 덩샤오핑을 중국공산당의 모든 직무에서 배제하는 처분을 내렸다. 덩샤오핑의 당적은 박탈되지 않았는데, 그 이유는 중국공산당이 합법적으로 감찰하기 위해 필요했기 때문이었다. 화궈펑은 공권력을 이용하여 시위 참가자들을 압박하고 중국공산당의 공식적인 절차를 통해 요직을 장악했다. 하지만 시위는 잦아들지 않았다.

많은 시민들이 여러 방식의 글을 공개된 장소에 대자보로 붙였다. 장칭을 중심으로 하는 사인방은 비판의 표적이었고, 덩샤오핑이 추진하려던 경제정책은 옹호의 대상이었다. 시간이 지나면서 시위에 참가한 시민들 가운데 과격한 행동을 하는 상황도 발생했고, 그것이 진압의 빌미가 되었다. 5월 4일 밤, 정부는 톈안먼 광장에 있던 1만여 명의 시위대를 무력으로 해산시켰다. 저우언라이의 추도식을 계기로 시작된 4·5운동(제1차 톈안먼사건)은 화궈펑과 사인방에게 반혁명활동을 진압한다는 명분으로 요직을 차지하게 만든 채 막을 내렸다.

화궈펑이 총리가 되었고, 사인방은 덩샤오핑을 제거하여 권력을 장악한 것처럼 보였다. 하지만 덩샤오핑의 측근으로 쓰촨四川성 시기였던 자오쯔양趙紫陽이나 군대의 장성들은 건재했다. 당 간부와 군대는 화궈펑과 사인방에게 여전히 유보적인 태도를 취했고, 덩샤오핑에 대한 공개적인 비판을 삼갔다. 화궈펑과 사인방은 문화대혁명 때처럼 인민들을 거리로 쏟아져 나오게 하고, 사회주의와 혁명을 외치게 만들 역량도 없었다. 그들이 의지할 곳은 마오쩌둥의 권위뿐이었다. 한편 사회와 그 속의 인민은 변화를 갈망하고 있었다.

한 사회가 제도, 규정, 절차 등이 아니라 개인의 권위나 그 권위를 악용하는 집단에 의해 움직이게 되면 건전하고 투명한 경쟁보다 비공식적이고 음습한 파벌다툼이 일어나기 쉽다. 1976년, 중화인민공화국을 통치하는 중국공산당 내부에서는 여전히 혁명을 외치는 사인방과 변화가 필요하다는 실용주의자들이 대립하고 있었다. 파벌다툼은 사회에 대한 통제를 약화시켰다. 10년 전처럼 다시 관료주의, 특권, 부패 등이 사회문제가 되었다.

4·5운동은 저우언라이의 죽음을 애도하기 위해 인민들이 광장으로 모여든 움직임에서 시작되었다. 그 이면에는 10년 전 거리에서 문화대혁명을 외친 뒤에 만들어진 사회질서를 변화시켜야 한다는 요구가 잠재되어 있었다. 1976년 6월, 여름이 시작되면서 마오쩌둥은 자신의 의사표시도 할 수 없을 정도로 건강이 악화되었다. 이제 마오쩌둥이 없는 시대가 다가오고 있었고, 정치집단은 그 시대의 주도권을 쥐기 위한 대결을 피할 수 없게 되었다.

경제위기

1966~69년, 중화인민공화국 사회에서 정치는 모든 분야를 압도했다. 고등학교에 다니던 지식청년(=지청知靑)들은 노동의 소중함을 체험하고 사회주의사상을 실천하기 위해 농·산·어촌과 공장으로 떠났다. 대약진 시기에 이어 두 번째로 전개된 하방下放운동이었다. 일부는 자발적으로 편벽한 곳에 들어갔고, 일부는 정치적인 잘못을 반성하고 머릿속의 부르주아사상을 씻어내라는 명령에 따라 낯선 곳에 배치되었다.

정치가 전체 사회를 압도하면서, 경제 분야는 크게 후퇴했다. 특히 1966~67년 2년 동안 전국을 휩쓴 정치적 광풍은 1967~68년의 각종 경제지표를 악화시켰다. 공업의 생산성은 1967년에 19.2퍼센트, 1968년에 다시 7퍼센트가 하락했다. 인민의 수입은 1967년에 6.7퍼센트, 1968년에 5.1퍼센트가 감소했다. 당연히 국가의 재정수입도 2년 연속 33.2퍼센트와 20.7퍼센트가 줄어들었다.

교육 분야는 그야말로 초토화되었다. 2년 동안 소학교와 중고등학교에서는 수업이 진행될 수 없었다. 중고등학생들은 홍위병으로 거리의 집회에 참여하거나 혁명 유적지를 탐방하거나 베이징으로 원정 집회를 떠났다. 대학 상황은 더욱 심각했다. 6년 동안이나 신입생을 모집하지 못했다. 대학원은 12년 동안 신입생을 받지 못했다. 100여 곳이 넘는 대학이 문을 닫았다. 교육이 중지되자 지식의 보급도 제한되었다. 도서 출판은 82퍼센트나 줄어들었고, 신문은 88퍼센트가 폐간되었다.

1969년의 경제지표들은 상당히 호전되었다. 농업이나 공업 총생산이 18.1퍼센트 성장했고, 재정수입도 45.8퍼센트나 증가했다. 다만, 지표가 개선된 것은 과거 2년 동안 바닥에 도달한 경제가 다시 정상화되는 과정에서 나타난 것으로 문화대혁명 이전의 수준을 회복하지는 못했다. 1970년이 되면, 경제의 전반적인 상황이 개선되었고, 농·공업 총생산과 재정수입도 문화대혁명 이전의 수준을 넘어서게 되었다.

1971년부터 1975년까지 제4차 5개년계획(4·5계획)이 진행되었다. 4·5계획은 문화대혁명으로 타격을 받은 경제를 본격적으로 회복시키는 것에 초점을 맞췄어야만 했다. 그런데 계획의 개요에는 계급투쟁을 강령으로 하여 전쟁준비에 전력을 기울이면서 경제의 새로운 비약을 추진하는 것을 목표로 한다고 밝혔다. 또한 연평균 12.5퍼센트의 경제성장률을 달성하고 농·공업의 비약적인 발전을 이루려 했다. 노동자 5000만 명 돌파, 임금지출 300억 원 돌파, 식량판매 800억 근 돌파 등 3개 돌파突破가 계획의 성패를 가늠하는 기준 가운데 하나였다. 공업화가 진전되면 노동자가 늘어나고, 늘어난 노동자만큼 임금지출과 식량 판매도 증가한다는 논리였다.

1971년 농·공업의 총생산이 10.9퍼센트 성장하고, 식량생산도 4퍼센트 넘게 늘어났다. 또한 3개 돌파도 나타나서 노동자 5318만 명, 임

국민경제발전을 실현하기 위해 분투하자는 제4차 5개년계획의 포스터

금지출 302억 원, 식량판매 855억 근이 되었다. 1972년에는 노동자 5610만 명, 임금지출 340억 원, 식량판매 917억 근을 기록했다. 하지만 하달된 지표를 맞추려는 시도는 여러가지 부작용을 야기했다. 노동생산성이 떨어지고, 기업의 손해가 증가했다. 마치 대약진운동 시기 철강생산량을 공업화의 기준으로 삼다가 농사지을 노동력이 부족해지고 산림이 피폐해져서 재해와 기근을 야기했던 악몽이 재현되는 것 같았다.

저우언라이 총리는 도시로 유입되는 노동력을 엄격하게 관리하여 노동자를 감소시켰고, 중공업 분야에서 지나치게 높이 책정된 목표를 낮추었으며, 농업 분야에 대한 지출을 증가시켰다. 이로써 3개 돌파가 가진 문제점을 어느 정도 해결할 수 있었다. 사실, 경제회복을 가로막았던 더 큰 장애물은 파벌다툼이었다. 린뱌오는 사회주의혁명의 지속을 강조하고 눈앞에 만들어진 수치로 성과를 포장했다. 그가 죽은 뒤, 저우언라이가 정책을 주도하면서 경제가 다시 정상을 회복하는 듯했다. 하지만 이번에는 사인방이 발목을 잡았다.

린뱌오가 죽은 뒤, 저우언라이는 경제를 재건하기 위해 노력했고, 일정한 성과를 거두었다. 사인방은 린뱌오가 차지했던 권력의 지분을 차지하려 했고, 저우언라이가 경제적인 성과를 바탕으로 주도권을 쥐는 것을 못마땅하게 여겼다. 1973년 여름, 사인방이 공자비판운동을 통해 저우언라이와 실용주의자들을 공격했다. 저우언라이는 비림비공운동으로 반격했고, 정치적으로 생존할 수 있었다. 하지만 사인방이 도발한 파벌다툼은 경제를 다시 후퇴시켰다. 생산은 정체되었고, 투자효율은 하락했으며, 물자가 부족해졌다. 정부의 수입은 줄어들었고 재정은 적자를 기록했다.

1974년 후반이 되면 경제상황이 더욱 악화되었다. 사인방의 실용주의자들에 대한 견제도 경제 침체 앞에서는 힘을 발휘하기 힘들었다. 1974년 말부터 저우언라이의 지원 아래 덩샤오핑이 공식석상에 나타났다. 1975년 1월, 덩샤오핑은 중국공산당 중앙위원회 회의에서 중앙위원회 부주석 겸 정치국 상무위원으로 선출되었고 이로써 완전히 정치에 복귀했다. 1975년 한 해 동안 건강상태가 좋지 않았던 저우언라이를 대신하여 덩샤오핑이 경제정책을 주도했고, 경제상황이 반등했다.

덩샤오핑은 공업, 농업, 과학기술, 국방 등의 분야에 걸친 대대적인 정돈整頓을 통한 4개 현대화에 착수했다. 우선, 경제의 동맥이라 할 수 있는 철도문제부터 손을 봤다. 문화대혁명 이후 10년 가까이 전국의 철도 관련 조직과 단체는 내부적으로 분열되었고 필요한 운행횟수를 채우지 못했다. 덩샤오핑은 철도정책을 철도부에서 철저하게 통제·관리하게 했고, 운행과 관련한 상벌을 정확히 집행했다. 1975년의 철도운행은 역사상 최고수준에 도달했다.

철도와 함께 공업 분야의 정돈도 진행했다. 공업 분야에서는 철강·석탄뿐만 아니라 생필품의 제조와 관련된 원료의 생산도 정상화시키는 일에 주력했다. 1975년 5월이 되면, 철도운송의 정상화에 따른 도움으로 공업생산도 늘어나서 월 생산이 사상 최고수준에 도달할 정도였다. 공업 분야에서 직책을 중심으로 하는 생산관리제도를 확립했고, 선진기술을 도입하여 생산의 효율성을 꾀했다.

농업, 과학기술, 교육, 군대 등에 대한 대대적인 정돈도 뒤따랐다. 농민의 부업을 자본주의라고 비판할 수 없게 함으로써 생산의욕을 고취했고, 실용주의자 후야오방이 중국과학원 원장으로 부임하여 과학기술 연구를 장려하게 했으며, 교육에 적극적으로 투자하게 했다. 6월에는 중앙군사위원회 확대회의가 소집되었고, 군대 안의 비대·분산·자만·낭비·태만 등 5대 문제가 지적되었다. 군대의 비대해진 조

1975년 3월, 전국공업서기書記회의에
참석한 덩샤오핑

직을 축소하고 재배치함으로써 효율을 높일 수 있게 되었다.

1976년 저우언라이가 세상을 떠나자, 경제 전반의 상황이 다시 그 이전으로 되돌아갔다. 사인방은 4개 현대화를 자본주의를 만들려는 물질적 기반, 합리적인 제도의 변경을 수정주의 법률, 무역의 확대를 맹목적으로 외국을 숭배하는 매국주의라고 공격했다. 덩샤오핑이 추진하던 정책 전체는 우경번안풍이라는 딱지가 붙었고, 그와 함께 했던 인사들은 1960년대 초반처럼 다시 주자파로 내몰렸다.

1976년 8월 13일부터 사인방의 덩샤오핑에 대한 공격이 정점에 이르렀다. 《인민일보》는 10월 6일까지 사설을 비롯한 글에서 덩샤오핑의 4개 현대화는 중국공산당과 마르크스주의를 해치는 대형 독초毒草이고, 자본주의 부활의 선언이며, 무산계급에 대한 전면 공격이라고 비판했다. 마오쩌둥의 사망이라는 큰 사건에도 덩샤오핑에 대한 공격은 줄어들지 않았다. 그 사이 경제는 곤두박질했다. 농·공업생산의 성장은 목표치를 크게 밑돌았고, 식량생산도 목표치를 달성하지 못했으며, 정부의 재정은 적자로 돌아섰다. 특단의 대책이 필요한 시점이었다. 하지만 병상에 누운 마오쩌둥은 말이 없었고, 9월 9일 세상을 떠났다.

다각외교

1970년대에 들어서서 중화인민공화국은 국제사회에서 갈수록 축소되는 입지를 확장하기 위해 돌파구를 모색했다. 마오쩌둥과 저우언라이는 소련 일변도 정책을 버리고 미국과의 관계 개선 등을 포함한 다각 외교정책을 돌파구로 삼았다. 미국은 공산당의 승리로 아시아에서 자신의 자존심에 상처를 입었고, 그 뒤 붉은 중국이라든가 죽의 장막이라는 딱지를 붙여 중화인민공화국을 배척했다. 중국공산당은 공산당대로 미국을 제국주의의 수괴首魁로 여기며 타도의 대상으로 보았다. 이런 두 나라가 손을 잡겠다는 것은 획기적인 사건이었다. 다만 양국 사이에 20년이 넘게 쌓여 있던 감정의 골을 메우는 작업은 시간이 걸리는 일이었다.

1971년 4월, 선수를 비롯한 미국의 대표단은 나고야에서 열린 제 13회 세계탁구선수권대회에 참석했다. 대표단은 대회가 끝난 뒤 일 주일 동안 베이징, 상하이, 광저우 등을 방문했다. 7월, 헨리 키신저 안보담당 보좌관이 비밀리에 베이징을 방문하여 저우언라이 총리를 만났다. 그 자리에서 미국 정부가 '하나의 중국' 정책을 지지하기로 약속했다. 10월 22~25일, 키신저 미국 국무장관과 저우언라이 총리 가 정식으로 회담을 진행했다. 회담이 종료되는 날, 유엔총회에서 중 화인민공화국은 중화민국(타이완)을 대신하여 안전보장이사회의 상 임이사국이 되었고, 타이완은 유엔 및 관련 기관들에서 배제되었다. 11월 15일, 중화인민공화국 대표단이 유엔총회에 처음으로 참석했 다. 사전 작업이 끝난 뒤, 이제 남은 것은 정상 간의 대화였다.

1972년 2월, 미국 대통령 닉슨이 중화인민공화국을 방문하여, 마 오쩌둥과 회담을 진행했다. 양측은 아시아·태평양 지역에서 패권을 추구하지 않고, 연락사무소를 설치하여 경제 관계를 확대한다는 것에 합의했다. 하지만 양국의 국교정상화는 1978년 12월에 이르러서야 합의되었고, 1979년 1월 1일에 정식으로 국교가 수립되었다. 그 사이 에 중화인민공화국에서는 사인방이 획책한 권력투쟁, 저우언라이, 마 오쩌둥의 연이은 죽음 등의 사건이 있었다. 그리고 미국에서는 워터 케이트 사건으로 닉슨 대통령이 실각했다. 양국의 사정으로 완전한 국교정상화는 늦춰질 수밖에 없었던 것이다.

1972년 2월 21일, 중난하이에서 닉슨을 접견하는 마오쩌둥

　마오쩌둥과 닉슨, 저우언라이와 키신저 사이의 회담은 사실 양국
수뇌부의 강한 의지로 진행될 수 있었다. 닉슨 정부는 의회의 동의를
거치지 않은 채 은밀하게 중국과 협상을 진행했다. 마오쩌둥과 저우
언라이는 소련에 대한 반감으로 국내의 정치적 상황을 고려하지 않은
채 갑작스럽게 미국의 요청을 수용했다. 1960년대부터 중소관계는
점차 악화되었고, 1971년 중화인민공화국은 소련이라는 적국을 상대
로 '하나의 전선一條線' 전략을 수립했다. 마오쩌둥은 키신저에게 소련
의 위협이 심해지는 상황에서 미국, 유럽, 일본 등과 협력할 필요가

있다고 말했다.

소련과 어떤 관계에 있느냐는 중화인민공화국의 외교에서 중요한 판단 기준이었고, 일본, 베트남, 북한 등과의 외교관계를 통해 살펴볼 수 있다. 먼저 일본과의 관계이다. 1972년 9월 29일, 중·일공동선언이 이뤄졌고, 이듬해에 양국은 상대국에 대사관을 설치하여 외교관계를 정상화했다. 그것은 중화인민공화국정부가 대일배상청구권을 포기하고 일본정부가 중화민국과 외교관계를 단절한 대가였다. 당시에도 인민들은 중일전쟁 시기를 포함하여 일본이 중국을 침략하여 저지른 만행을 생생하게 기억하고 있었다.

중화인민공화국정부는 하나의 전선 전략에 따라 소련을 포위하기 위해 일본과의 관계 정상화를 선택했다. 하지만 단순히 선언적인 정상화가 아니라 실질적인 교류와 협력을 위해 평화우호조약을 체결하려면, 소련의 패권주의에 공동으로 대항한다는 조항이 조약에 포함되어야 한다고 요구했다. 협상은 난항에 빠졌다. 또한 중국공산당 내부의 파벌다툼, 마오쩌둥의 사망, 정치적 불안정 등의 원인으로 중·일 평화우호조약은 1978년으로 미뤄졌다.

다음으로 베트남과의 관계이다. 베트남은 중화인민공화국과 국경을 접하고 있어서 군사적으로 중요한 국가였다. 1960년대 자본주의와 사회주의 진영이 첨예하게 대립하고 있는 상황에서 남베트남과 북베트남이 어떤 선택을 하느냐는 인도차이나 반도를 넘어 국제사회에서 두 진영의 이해관계가 걸린 문제였다. 어떤 체제를 선택하느냐는 베트남 인민들에게 국가의 주권과 생존을 결정하는 문제로 보였다. 프랑스는 1954년에 이미 베트남인들의 끈질긴 저항에 지쳐서 베트남에서 손을 뗀 상황이었다. 중소 양국은 북베트남을 경제적·군사적으로 지원했다.

1961년부터 미국은 프랑스를 대신하여 남베트남을 군사적으로 지원했다. 1969년 베트남에 파병된 미군은 50여만 명이었다. 미군의 물량공세는 베트남인들의 반외세 독립에 대한 열망을 꺾을 수 없었다. 1968년 1월 31일, '테트Tet'라는 음력설을 기해 북베트남군이 남베트남의 인민해방전선과 함께 남베트남의 15개 도시를 공격했고 전쟁은 전면전으로 확대되었다. 그 뒤, 7년 동안 미군은 베트남인을 굴복시킬 수 없었다.

닉슨 정부는 베트남전쟁의 수렁에서 빠져나오기 위해 중화인민공화국에 접근했고, 중화인민공화국은 소련에 대항하기 위해 미국의 접근을 허용했다. 1973년 1월, 베트남과 미국은 중화인민공화국의 중재를 통해 휴전, 선거를 통한 통일정부 구성, 미군 철수 등의 내용을 담은 파리협정을 체결했다. 북베트남은 중화인민공화국이 자국을 배신한 채 미국과 협상을 벌인 것에 대해 적대감을 가졌고, 여전히 강대국이 개입하는 선거에 의한 통일정부를 반대했다. 1975년 4월, 남베트남정부가 붕괴하고, 베트남은 하나의 사회주의국가가 되었다. 통일 베트남은 소련과 긴밀한 관계를 유지했고, 중미 양국과 적대적 관계에 놓이게 되었다.

끝으로 북한과의 관계이다. 북중관계는 베트남전쟁을 놓고 이견이 있었다. 북한은 사회주의 진영이 공동으로 대응해야 한다는 입장이었다. 중화인민공화국은 베트남을 지원하면서도 소련과의 갈등 때문에 공동 대응에는 미온적이었다. 북중관계가 소원해진 틈을 타고 소련은 북한에 고위대표단을 보냈다. 북한은 원래 흐루쇼프의 스탈린 비판이나 평화공존을 비판했었다. 그런데 소련과의 관계가 가까워지면서 비판을 자제하기 시작했다.

중미관계가 복원되는 움직임이 나타나자, 북한은 베트남과 마찬가지로 중화인민공화국에 반감을 가졌고 소련과 더 가까워지는 것 같은 태도를 보였다. 하지만 베트남과 다른 점이 있었다. 북한은 중화인민공화국이 미국과의 협상에서 한반도의 미군 철수 등을 반영할 수 있다면 자신들에게도 좋은 일이라고 여겼다. 또한 중소 양국 사이의 등거리외교를 통해 경제적·군사적 지원과 같은 이익 얻을 수 있다는 계산도 했다. 1969년 10월, 북한 최고인민회의 상임위원장 최용건이 건국 20주년 기념식에 참석했다. 이듬해 4월, 저우언라이 총리가 북한을 방문했다. 북한은 국제정세와 실리를 고려하여 중소 양국과 등거리외교 정책을 펼쳤다.

변화하는 국제질서 속에서 덩샤오핑은 유엔총회라는 국제무대에서 자국의 외교에 대한 기본정책을 공식적으로 설명했다. 1974년 4월, 중국공산당 중앙위원회 위원 덩샤오핑이 처음으로 미국을 방문하여 유엔총회에 참석했다. 그는 여기서 '3개 세계론'을 주장했다. 3개

사이공을 탈출하기 위해 헬기에 타는 사람들

1974년 4월 6일, 유엔총회에서 연설하는 덩샤오핑

세계론은 1970년 마오쩌둥이 1950년대와 1960년대 중반의 비동맹 외교, 신중간지대론을 거쳐 내놓은 것으로, 국제질서를 바라보는 시각이었다. 덩샤오핑의 연설은 자국이 개발도상국으로서 제3세계에 속하고, 제3세계를 이끄는 국가라는 점을 분명하게 밝힌 것이었다. 제3세계의 국가들은 식민지주의, 제국주의, 초강대국 중심의 질서 등을 반대하고, 국제질서를 바꿀 수 있는 힘이 있다고 여겼다. 중화인민공화국 대표단의 유엔총회 참석과 덩샤오핑의 연설로 국제질서가 크게 요동치고 급격하게 변하는 것처럼 보였다. 하지만 여전히 큰 변화를 위해서는 국내 정치구조가 정리되어야 했고, 그것은 시간이 필요한 일이었다.

중국공산당, 중국혁명, 중화인민공화국을 자신의 분신 分身과 같이 여겼던 마오쩌둥이 세상을 떠난 뒤에 인 민들은 깊은 슬픔에 빠졌다. 권력의 세계에서 심장의 박동이 끝난 인물에 대한 애도의 시간은 짧았다. 반 면 여전히 심장의 박동이 계속되는 인물들의 욕망은 강했다. 마오쩌둥의 빈자리를 차지하기 위한 본격적 인 권력투쟁이 시작되었다. 그 중심에 화궈펑이 있었 다. 그는 전광석화처럼 사인방을 제거하고 마오쩌둥 의 후계자로 행동했다. 하지만 권력투쟁에서 중요한 것은 전체적인 구도와 자신의 위치를 정확하게 파악 하는 일이었다.

과거청산

1976년 9월 9일, 마오쩌둥의 심장 박동이 멈췄다. 유물론에 바탕을 둔 사회주의국가에서 정치지도자의 죽음을 표현하는 방식은 심장 박동이 멈췄다는 것이다. 마오쩌둥의 시신은 유물론의 사고방식으로 처리되지 않았고, 방부처리를 거쳐 톈안먼 광장 앞의 기념관에 안치되었다. 살아 움직이는 마오쩌둥은 사라졌지만, 박제된 육신은 남겨졌다. 마오쩌둥 없는 시대가 되었지만 마오쩌둥의 그림자는 남았다.

화궈펑은 마오쩌둥이 살아 있는 동안에는 마오쩌둥의 권위에 의지하여 위세를 부리던 사인방과 전략적으로 연대했다. 강력한 적수였던 덩샤오핑을 견제하기 위해서도 사인방이 필요했다. 사인방은 문화대혁명 때부터 줄곧 덩샤오핑에게 주자파나 수정주의자라는 딱지를 붙여 끊임없이 공격했다. 이제 마오쩌둥이라는 절대 권력이 사라진 상황에서 화궈펑은 더 이상 사인방과 연대할 필요가 없었다. 화궈펑이 사인방에게 손을 내밀고 그들에게 예의를 갖춘 것은 그들 뒤의 마오쩌둥 때문이었다.

한편, 사인방은 마오쩌둥이 떠난 권좌의 주인이 자신들이라고 여겼다. 그들은 마오쩌둥의 아내 장칭을 앞세워 권좌를 차지하려 했다. 1966년부터 10여 년이 지나는 동안 장칭은 당의 간부, 관료, 인민들의 앞에 서 있을 때 들리는 환호성이 온전히 자신을 향해 있고 자신이 얻어낸 것이라고 여겼다. 하지만 그 환호성은 그녀 뒤에 있는 마오쩌둥을 향해 있었다. 사인방이 가진 영향력은 마오쩌둥 없는 세상에서 진면목이 드러나게 될 터였다.

1976년 9월 말에 여러 차례 중국공산당 중앙정치국 회의가 개최되었고, 장칭은 회의에서 자신이 중앙위원회 주석을 맡고 싶다는 의사를 표시했다. 화궈펑은 그녀의 뜻을 들어주지 않았고, 두 사람의 관계는 점차 험악해졌다. 장칭은 중앙판공청中央辦公廳 명의로 마오쩌둥 주석의 방침을 따르겠다는 충성서약을 받았고, 자신을 마오쩌둥의 후계자로 자처했다. 화궈펑은 물밑에서 중앙정치국의 다수 위원들, 군부의 원로인사 예젠잉·이셴녠李先念 등을 포섭했다. 그는 중앙정치국의 다수 위원들과 함께 군부의 지지를 이끌어냄으로써 사인방을 고립무원의 상태로 만들었다.

1976년 10월 5일 늦은 밤, 화궈펑은 사인방에게 중난하이에서 열리는 중앙정치국 긴급회의에 참석하라고 통보했다. 6일 새벽, 황훙원, 장춘차오, 야오원위안이 중난하이에 도착했고, 차례로 체포되었다. 장칭은 자택에서 체포되었다. 사인방은 따로 격리되어 감옥에 갇혔다. 마오쩌둥이 죽은 지 한 달도 채 되지 않은 시점이었다. 무소불

위의 권력을 휘둘렀던 사인방의 몰락은 순식간이었고, 당과 군 내부에서 저항이나 동요는 없었다. 10월 7일, 중국공산당 중앙정치국 확대회의가 열렸고, 화궈펑은 중앙위원회의 주석, 군사위원회의 주석으로 선출되었다.

화궈펑은 사인방과 결별하고 당과 군부 원로의 지지를 바탕으로 정부, 당, 군대의 요직을 장악했다. 표면적으로 화궈펑은 마오쩌둥이 떠난 자리를 완전하게 대체한 것처럼 보였다. 전국에서 반당·반사회주의를 획책하는 반역을 꾀했다는 이유로 체포된 사인방을 성토하고, 그들의 체포에 환호하는 시위가 벌어졌다.

사인방을 제거하는 과정은 화궈펑에 의해 철저하게 정치적으로 이용되었다. 전국 주요 도시에서 사인방의 반당·반사회주의 음모를 비난하는 시위가 조직적으로 벌어졌고, 사인방을 조롱하고 경멸하는 만화가 보급되었으며, 각종 포스터를 통해 각계각층의 인민들이 분노한다고 선전했다. 사인방은 거리의 문화대혁명을 진행하고, 1970년대에 들어서서 정적을 억압할 때는 인민들을 동원하고 여론을 만드는 수법을 사용했다. 이제 그들은 자신들이 사용했던 방식 그대로 정치적으로 매장되었고 사회로부터 격리되었다. 시위에서 화궈펑은 마오쩌둥을 계승하는 위대한 지도자이며 완전한 인격을 갖춘 인물로 칭송되었다.

1976년 10월 6일부터 전국에서 벌어진 시위의 가장 큰 수혜자는 화궈펑이었다. 그는 시위를 온전히 자신의 지위를 확고하게 만드는

1977년 국경절 《인민일보》 1면

데 이용했다. 화궈펑은 군부의 원로 예젠잉, 리셴녠 등과 협의하여 덩샤오핑을 원래 자리로 복귀시키는 대신에 당 주석과 중앙군사위원회 주석의 자리를 보장받기로 했다. 1977년 7월 16~21일, 중국공산당 제10기 전국대표대회 제3차 중앙위원회 전체회의(10기 3중전회)가 열렸고, 덩샤오핑을 중앙정치국 상무위원, 중앙위원회 부주석, 중앙군사위원회 부주석 등으로 복귀하는 것을 결의했다. 사인방의 당적은 당 중앙위원회를 전복하고 반혁명의 음모를 꾸몄다는 이유로 박탈되었다.

1977년 8월 12~18일의 중국공산당 제11기 전국대표대회(11전회)의 회의장 전면에는 마오쩌둥과 화궈펑의 사진이 나란히 걸렸다. 대회에서 화궈펑은 10기 3중전회에서 덩샤오핑을 복귀시킨다는 약속을 지킨 것에 대한 대가를 받았다. 그는 중국공산당 주석 겸 중앙군사위원회의 주석으로 선출되었다. 10월 1일, 《인민일보》 제1면에도 마오쩌둥과 화궈펑의 사진이 나란히 실렸다. 이제 마오쩌둥 시대가 끝나고, 그의 후계자 화궈펑 시대가 시작된 것으로 보였다.

하지만 중화인민공화국을 이끌 최고 권력자에게 필요한 것은 당과 군대의 직책이 아니라 당과 군대를 움직일 수 있는 실제적인 영향력이었다. 1960년대 중반, 마오쩌둥 중국공산당 주석이 류사오치 국가주석을 압도할 수 있었던 것도 당과 군대에서 행사했던 실제적인 영향력 때문이었다. 11전회를 통해 화궈펑은 행정을 총괄하는 국무원 총리에 더하여 당과 군대를 지휘하는 직책을 맡게 되었다. 그가 중화인민공화국의 최고 권력자로 보이는 것은 당연했다.

덩샤오핑은 직책상으로 화궈펑 아래에서 지휘를 받는 자리에 있었다. 그는 화궈펑을 비판하지 않았다. 하지만 지난 날 사인방과 우호적인 관계에 있었던 인사들을 비판했다. 그 인사들은 마오쩌둥의 경호대장 출신으로 사인방을 체포했던 왕둥싱汪東興, 펑전을 대신하여 베이징 시장이 되어 마오쩌둥을 엄호했던 우더, 문화대혁명 때 중앙정치국 후보위원을 시작으로 중앙위원회와 중앙정치국 위원까지 오른 지덩쿠이紀登奎 등으로 화궈펑의 사람들이었다.

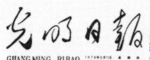

《광명일보》 5월 11일자 기사 "실천은 진리를 검증하는 유일한 기준"

1978년 6월, 덩샤오핑은 전군全軍 정치공작회의에서 "실천이 진리의 여부를 판단하는 유일한 기준"이고 실사구시實事求是의 자세가 필요하다고 연설했다. 그가 하고 싶은 말은 분명했다. 문화대혁명 시기에 진리나 옳고 그름을 판단하는 유일한 기준은 마오쩌둥사상이었다. 하지만 이제 진리나 옳고 그름은 실천 속에서 이뤄질 것이고, 사실에 바탕을 두는 실사구시의 자세가 필요한 시대가 되었다는 것이다.

실사구시는 마오쩌둥이 사라진 시대에도 여전히 마오쩌둥의 박제된 시신을 끌어안고 정치적 이익을 꾀하는 인물에 대한 비판이었다. 그 인물은 바로 화궈펑이었다. 덩샤오핑은 이제 화궈펑의 주변 인사들이 아니라 화궈펑을 겨냥하고 있었다. 한편, 화궈펑과 왕둥싱, 우더, 지덩쿠이 등은 모두 문화대혁명 시기 당과 군대의 원로들이 숙청된 틈을 타서 요직을 차지한 사람들이었다. 그들은 사인방처럼 거리의 혁명이 다시 일어나게 하는 것에 반대했다. 하지만 마오쩌둥에 기대는 것 이외에 특별한 정치적 자산이 없었다. 따라서 마오쩌둥을 비판할 수도 없었다. 사실, 그들의 운명은 당과 군대 원로의 지지를 받던 덩샤오핑을 다시 복귀시켰을 때 이미 정해진 것이나 마찬가지였다. 덩샤오핑 등은 사인방의 제거만으로 과거가 청산되었다고 여기지 않았다.

계획과 시장

1977년 8월의 11전회 이후, 화궈펑과 덩샤오핑이 제시하는 정책 방향에는 차이가 분명했다. 화궈펑은 마오쩌둥이 지명한 후계자로서 마오쩌둥 주석이 내렸던 결정과 지시 둘 다 옳다는 범시론凡是論을 주장했다. 마오쩌둥의 권위를 지키는 것이 곧 자신의 지위를 유지하는 것이라고 믿었다. 반면 덩샤오핑은 실천을 진리를 판단하는 유일한 기준으로 내세우며 필요할 경우 마오쩌둥의 결정과 지시도 반박할 수 있다는 생각을 내비쳤다.

1978년이 되면, 화궈펑과 덩샤오핑 사이의 차이는 더 분명해졌다. 2월, 화궈펑은 철강생산을 비롯한 공업 생산량을 10년 동안 2배로 늘리겠다는 10개년 계획을 발표했다. 그것은 마치 대약진운동의 재현을 보는 것 같았다. 3월, 전국과학대회에서 덩샤오핑은 지식인과 전문가들에게 더 이상 과거와 같이 정치문제로 박해를 받는 일이 없게 하겠다고 약속했다. 중앙정부는 공산당 주석 겸 총리 화궈펑의 의지대로 10개년 계획의 목표를 달성하기 위해 대규모 공사와 새로운 토지 개간을 독려했다. 반면, 완리萬里와 자오쯔양은 각각 안후이와 쓰촨성에서 1960년대 초반의 조정정책을 부활시켰다.

화궈펑은 자신의 취약한 당과 군대의 입지를 대약진운동이나 문화대혁명과 같은 집단주의적 선동 방식으로 돌파하려 했다. 반면 덩샤오핑은 당과 군대의 입지를 바탕으로 조정정책이나 4개 현대화라는 실용주의 노선을 확실하게 관철시키려 했다. 1960년대 초반 류사오치와 덩샤오핑이 주도했던 조정정책은 문화대혁명으로 좌절되었다. 화궈펑과 그를 지지하는 인사들은 1960년대와 같은 상황이 다시 오기를 바랐다. 하지만 상황은 달라졌다. 과거에는 마오쩌둥이라는 든

든한 혁명가의 지원이 있었지만, 이제 마오쩌둥은 세상에 없었다.

1978년 11월 10일, 중앙공작회의가 열렸다. 회의는 원래 20일의 일정이었는데, 36일이나 진행되었다. 그만큼 치열한 논쟁이 벌어졌고, 중요한 결정이 이뤄졌다. 회의가 진행 중이던 11월 15일부터 베이징 시단西單 사거리의 벽에는 대자보들이 나붙었다. 이른바 '민주의 벽'에 붙은 대자보들은 마오쩌둥과 사인방의 비판, 펑더화이·류사오치의 복권, 문화대혁명의 재평가 등을 주장하는 내용을 담고 있었다. 중앙공작회의에 참석한 290명의 간부들 가운데 대다수는 이미 7월 말부터 "실천은 진리를 검증하는 유일한 기준"에 찬성하는 입장을 속속 표명한 상태였다. 그 결과, 11전회 직전에 끝난 중앙공작회의에서 화궈펑은 스스로 범시론이 옳지 않다고 인정했고, 실천은 진리를 검증하는 유일한 기준이라는 입장에 동조했다. 이제 남은 것은 새로운 정책이 공식적으로 선포되는 것뿐이었다.

1978년 12월 18~22일, 중국공산당 제11기 전국대표대회 제3차 중앙위원회 전체회의(11기 3중전회)가 열렸다. 11기 3중전회는 중화인민공화국이 마오쩌둥 시대를 끝내고 덩샤오핑 시대로 들어섰음을 알리는 회의였다. 회의에서 천윈은 당 부주석, 덩잉차오鄧穎超·후야오방·왕전王震 등은 중앙정치국 위원에 선출되었다. 후차오무胡喬木 등 9명도 중앙위원에 선출되었다. 새로 선출된 인물들은 모두 덩샤오핑의 주도로 그 자리에 앉게 되었다. 화궈펑은 당 주석의 직책을 유지하는 것에 만족해야 했다.

1978년 12월, 11기 3중전회의에 참석한 화궈펑, 예젠잉, 덩샤오핑, 리셴녠(왼쪽부터)

11기 3중전회에서는 중국공산당을 중심으로 경제개혁과 대외개방 (개혁개방) 정책을 추진한다는 결정을 내렸다. 범시론은 폐기되었고, 화궈펑은 힘을 잃었다. 덩샤오핑은 사실상 권력의 중심이 되었다. 1980년 2월 중국공산당 제11기 중앙위원회 제5차 전체회의는 화궈펑의 측근들을 중앙정치국에서 배제했고, 9월 화궈펑은 총리직을 사임했다. 1981년 6월 제11기 6중전회에서 화궈펑은 당 주석의 자리를 잃었고, 1982년 가을에는 정치국에서 배제되었다.

1978년 11월부터 웨이징성魏京生은 과감하게 마오쩌둥과 사인방을 비판하는 대자보를 붙였다. 웨이징성은 덩샤오핑의 '4개 현대화'에 하나를 더하여 다섯 번째 현대화를 주장했다. 그 요지는 4개 현대화를 위해 '민주화'라는 선결조건이 필요하다는 것이었다. 12월부터 《탐색探索》이라는 미등록 잡지를 발행했고, 자유를 해치는 모든 것을 비판했다. 1979년 3월 16일부터 정부가 비판적인 언론을 탄압하기 시작하자, 웨이징성은 덩샤오핑을 새로운 독재자라고 비판했다. 3월 29일, 웨이징성은 체포되었다. 1978년 11월부터 1979년 3월까지 시단 사거리에 있었던 '민주의 벽'은 말끔하게 정리되었다. 10월 16일, 웨이징성은 15년형을 선고받았다.

덩샤오핑은 화궈펑을 스스로 주저앉게 만드는 과정에서 인민의 자유로운 의사표현을 용인했다. 그러나 화궈펑과의 권력투쟁에서 승리한 뒤, 1979년 3월에 사회주의, 인민민주독재, 마르크스·레닌주의와 마오쩌둥사상, 그리고 공산당의 지도라는 네 가지 기본 원칙을 발표했다. 공산당의 지도는 경제개혁과 대외개방의 주체가 인민이 아니라 당이라는 사실을 천명한 것이었다. 공산당이 주도하는 사회에서 더 많은 민주주의를 요구하는 주장은 받아들여질 수 없었다. 1980년 4월 전국인민대표대회 상무위원회 제14차 회의에서 2년 전인 1978년 3월에 공표된 헌법 45조의 규정, 즉 파업·의사표현·공개토론·대자보 게시 등의 자유가 부정되었다.

사인방과 화궈펑이 차례로 정리된 뒤에 문화대혁명에 대한 공식적인 평가가 진행되었다. 당·국가체제의 중화인민공화국에서 중요한 과거의 정치적 사건을 평가할 수 있는 유일하고 권위 있는 주체는 중국공산당뿐이었다. 1981년 6월 27~29일, 중국공산당 제11기 전국

대표대회 제6차 중앙위원회 전체 회의(11기 6중전회)에서 〈건국 이래 당의 몇 가지 역사문제에 대한 결의〉(=〈역사결의〉)가 채택되었다. 결의에서 마오쩌둥은 비록 잘못을 저질렀지만 중국공산당과 중화인민공화국의 주요 건설자라고 평가되었고, 톈안먼 성루에 걸린 그의 초상화는 영원히 보존될 것이라고 선언되었다. 문화대혁명의 경우

〈역사결의〉의 교육홍보용 책

반혁명집단에 의해 이용되어 당과 국가, 인민들에게 엄중한 재난을 가져다준 불행한 사건으로 평가되었다.

〈역사결의〉는 주도면밀하게 설계되고 정리된 한 편의 글이었다. 당·국가체제에서 당이 상처를 받아서는 안 되었고, 중국공산당과 중화인민공화국의 역사에서 마오쩌둥은 떼려야 뗄 수 없는 존재였다. 중화인민공화국을 중국공산당이 강력하게 영도하기 위해서는 위대한 영도자의 상처를 최소화해야만 했다. 결국, 대약진운동과 문화대혁명은 마오쩌둥의 잘못된 판단으로 야기된 인재이지만, 마오쩌둥의 생애에서 공적과 과오가 각각 7대 3의 비율이었고 여전히 존경받을 만한 인물이라는 결론을 내렸다. 〈역사결의〉는 단행본으로 출간되었고, 당원을 비롯한 인민들의 교육에 사용되었다.

정치적인 주도권을 확실하게 장악한 덩샤오핑의 다음 행보는 사회주의계획경제와 자본주의시장경제를 결합하는 것이었다. 덩샤오핑은 마오쩌둥과 같이 사회주의자였는데, 마오쩌둥과 달리 유연한 사고방식을 갖고 있었다. 마오쩌둥은 사회주의에서 평등한 분배와 계획경제는 필수적인 요소로 여겼다. 그는 대약진운동이 좌절된 뒤에 류사오치 등이 도입한 조정정책에 냉소적이었고, 당연히 문화대혁명 시기에 류사오치 등이 주자파로 공격받는 것을 묵인했다.

1960년대 초반 조정정책을 추진하던 시기나 1970년대 후반 마오쩌둥 사후 경제발전을 둘러싼 논쟁을 벌이던 시기에 중화인민공화국의 경제는 선진국에 비해 크게 뒤처져 있었다. 덩샤오핑은 두 시기에 중화인민공화국이 경제적으로 뒤처져 있음을 인정하는 것에서 해결책을 모색했다. 그는 경제적으로 뒤처진 상황을 만회하는 방법으로 계획이든 시장이든 가릴 때가 아니라고 여겼다. 유명한 "검은 고양이든 흰 고양이든 쥐만 잘 잡으면 좋은 고양이"라는 흑묘백묘론黑猫白猫論을 내세워 변화의 깃발을 들었다.

덩샤오핑은 중화인민공화국의 경제를 발전시키기 위해 마오쩌둥과 그 추종자들이 금과옥조로 받들던 평등한 분배와 계획경제에 손을 볼 수 있다고 여겼다. 그는 대약진운동의 처참한 피해로부터 벗어나기 위해 조정정책을 실시했고, 이제 문화대혁명 시기 한계에 도달한 경기침체로부터 벗어나기 위해 사회주의의 경제에 자본주의의 시장 요소를 접목하는 작업에 착수했다.

개혁개방

화궈펑은 3년에 걸쳐 국무원 총리(1980), 당 주석(1981), 중앙정치국 상무위원(1982) 등에서 배제되었고, 정치 일선에서 물러났다. 1982년 9월 1~11일, 중국공산당 제12기 전국대표대회(12전회)가 열렸다. 대회에서 후야오방이 중앙위원회 총서기, 덩샤오핑이 중앙군사위원회 주석으로 선출되었다. 12월, 마오쩌둥 사후 폐지된 국가 주석직 부활 등이 규정된 헌법 개정이 있었다. 1983년 6월 6~21일, 제6차 전국인민대표대회가 열렸다. 대회에서 리셴녠이 국가 주석, 자오쯔양이 국무원 총리, 펑전이 전국인민대표대회 상무위원회 위원장(전인대 위원장), 덩샤오핑이 국가중앙군사위원회 주석으로 선출되었다.

마오쩌둥이 죽은 뒤에 시작된 권력교체가 마무리되자, 덩샤오핑은 당과 군의 중앙군사위원회 주석으로서 국가를 이끌게 되었다. 덩샤오핑은 직책상 리셴녠 국가 주석, 후야오방 총서기, 자오쯔양 총리 등보다 낮았다. 하지만 누구도 그가 중화인민공화국의 최고 권력자라는 사실을 부정하지 않았다. 권력교체는 끝났고, 이제 덩샤오핑에게 남은 것은 1960년대 조정정책 시기부터 줄곧 가지고 있던 경제적 신념을 현실로 옮기는 일이었다.

12전회 개막식에서 덩샤오핑은 "중국 특색의 사회주의건설"이라는 중요한 목표를 제시했다. 중국 특색의 사회주의는 죽어서도 여전히 권력투쟁의 배후에서 어슬렁거리던 마오쩌둥의 유령을 떨쳐버리는 일이었다. 1976년부터 1982년까지 화궈펑은 형식적으로 국무원 총리 등의 자리에 있었고, 당과 군에서 취약한 권력기반 때문에 마오쩌둥의 망령을 배제하지 못한 채 경제에 활력을 불어넣기 위해 인민공사라는 집단농장을 끌어안고 발버둥을 쳤다.

반면, 덩샤오핑은 이미 1978년부터 자신의 측근들을 통해 안후이와 쓰촨 지역에서 농업 개혁을 진

"마오의 망령 떨쳐버리기", 1983년 9월 《타임》 표지

행했다. 1982년 12전회에서 후야오방 총서기는 사회주의건설의 새로운 국면이 시작되었음을 알렸다. 화궈펑이 세운 제6차 경제개발 5개년계획(6·5계획, 1981~1985)의 과도한 목표는 수정되었고, 농업의 효율성과 생산을 높이기 위해 인민공사를 해체하기 시작했다. 1984년 말까지 전국 농가의 96.6퍼센트에 개별적으로 농사를 짓는 생산책임제(포산도호包産到戶)가 실시되었다. 물론 토지는 여전히 국가가 소유했고, 농가는 그 경작권을 갖고 있었다. 1984년 곡물생산량은 4억 700만 톤으로 역대 최고기록을 세웠다. 농촌에서 관청(정부)과 사회 조직으로 기능하고 있던 인민공사는 해체되고 항鄕과 진鎭으로 대체되었다.

농업 분야의 개혁은 사회 변화를 자극했다. 농민들은 생산책임제

를 통해 더 많은 수입이 생겼고, 그 수입은 구매력을 끌어올렸다. 구매력의 증진은 과거 사회주의 배급 체제에서 공급되기 어려웠던 생필품 이외의 물품들에 대한 수요를 창출했다. 야채, 과일, 간식 등 식품과 소형 농기구 등이 자유시장에서 거래되었다. 인민공사에서 운영하던 사대社隊기업은 해당 지역 인민의 수요를 파악하여 필요한 물품을 시장에 공급했다. 농업 분야의 개혁과 함께 사대기업은 급속히 성장했다. 사대기업의 노동자는 1978년 2800만 명에서 1983년 3235만 명으로 증가했다. 1984년 말, 인민공사가 해체된 후에 사대기업은 향진기업으로 명칭을 바꾸었다.

공업 분야와 도시의 개혁은 농업만큼 성과를 이루지 못했다. 국영기업이나 국가기관에 더 많은 자율성이 보장되었지만, 사회주의계획경제 시대와 같은 업무 방식에 근본적인 변화가 진행되지 못했다. 변화와 개혁이 공업 분야와 도시에서 가로막히자, 농산품이 판로를 찾지 못하는 상황이 나타났다. 중국공산당은 농업, 국영기업, 국가기관에 제한된 개혁이 아니라 경제 전반과 도시 전체를 포괄하는 개혁 방안을 모색해야만 했다.

1984년 10월 20일, 중국공산당 제12기 전국대표대회 제3차 중앙위원회 전체회의(12기 3중전회)가 열렸고, 〈중공 중앙의 경제체제 개혁에 관한 결정〉이 통과되었다. 〈결정〉에는 확고하고 체계적인 개혁만이 국가경제를 발전시킬 수 있고, "계획이 있는 사회주의 상품경제"를 건설해야 한다는 내용이 포함되었다. 12기 3중전회의 〈결정〉은 계획

12기 3중전회에 참석한 덩샤오핑

경제를 부정하지 않으면서도 시장경제를 도입함으로써 생산성을 높이고 경제를 발전시키겠다는 의지를 표현한 것이었다. 또한 과거 조정정책을 뛰어넘는 변화가 시작될 것이라는 점을 밝힌 것이었다.

1984~85년, 6·5계획의 후반기 동안 사회주의 상품경제를 건설하기 위한 중요한 경제개혁 조치들이 추진되었다. 무엇보다도 먼저 가격제도를 개혁했다. 계획경제 아래에서 물건의 가격은 품질과 희소성이 고려되지 않은 채 결정되었다. 1984년 10월까지 정부는 공산품과 농산물의 절반 정도에 대해 더 이상 가격을 통제하지 않았다. 정부의 통제는 최소화되었고, 기업은 자율적으로 경영하고 생산할 수 있게 했다. 정부의 국영기업에 대한 보조금은 은행 대출로, 수익 전체를 정

부에 보내던 것은 세금 납부(이개세 利改稅)로 바뀌었다. 외국기업과의 직접적인 협상이나 외환 보유도 가능하게 되었다.

정부가 과감한 경제개혁 정책을 추진하자, 그 효과는 곧바로 나타났다. 1985년 제1분기의 성장률은 24퍼센트나 되었다. 특히 냉장고나 텔레비전 같은 소비재의 생산이 급속히 증가했다. 하지만 성장 속도는 제4분기가 되면서 10퍼센트로 낮아졌다. 중화인민공화국 전체의 상황을 보면, 여전히 전국을 연결할 수 있는 운송망이 제대로 갖춰지지 않았고, 경공업에 필요한 원자재가 제대로 공급되지 않았으며, 과도한 은행 대출은 인플레이션을 야기했다. 중앙정부는 행정적인 수단을 동원하여 대출을 억제하여 상황을 진정시켰다. 다만, 운송망이나 원자재 공급과 같은 문제는 장기적인 계획이 필요한 부분이었다.

중화인민공화국 건국 초기 10여 년은 소련을 중심으로 경제와 외교 관계를 맺었다. 중소관계의 악화 이후에는 아시아와 아프리카의 사회주의국가를 중심으로 교류했다. 1970년대에 들어서서 일본, 유럽, 미국 등과 차례로 외교관계를 수립했지만, 여전히 제한적인 범위 안에서 교류가 이뤄졌다. 중화인민공화국이 국내에서 추진하는 경제개혁은 더 과감하고 폭 넓은 대외개방 없이는 성공하기 어려웠다.

1978년부터 시작된 대외개방은 계속 확대되고 있었다. 대외개방을 위한 전진 기지는 광둥과 푸젠福建성이었다. 두 곳은 해외에서 활동하고 있는 화교의 고향이었다. 중화인민공화국은 경제발전을 위해 자본이 필요했고, 화교들은 자신의 고향에 투자할 수 있는 경제적 여력을

광둥성과 푸젠성에 설치된 경제특구 4곳

갖고 있었다. 특히 광둥성은 홍콩이나 마카오와 가까워서 대외무역과 외화를 들여오는 데 유리했다.

1979년 4월, 광둥성 제1서기 시중쉰智仲勳(시진핑習近平의 부친)은 중앙공작회의에서 대외무역과 투자를 위해 광둥에 자율권을 부여해달라고 요구했다. 1980년 5월, 제5기 전국인민대표대회 상무위원회는 광둥의 선전深圳, 주하이珠海, 산터우汕頭와 푸젠의 샤먼廈門을 시범 경제특구로 지정했다. 경제특구의 기업들은 50퍼센트 낮은 관세로 수출입을 진행할 수 있었다.

경제특구의 지정으로 경제개혁과 대외개방은 탄력을 받았고, 외국자본의 유치도 점차 가시적인 성과들이 나타났다. 경제가 활력을 찾는 과정에서 배금주의, 부패, 사회주의 비판 등 부정적인 현상도 뒤따랐다. 개혁개방에 신중한 입장을 취하고 있던 보수파는 정신오염을 바로잡아야 한다고 목소리를 높이기 시작했다. 그들은 한걸음 더 나아가서 개혁개방 자체에 대해 회의적인 시각을 드러냈다.

1984년 설날(춘제春節)을 전후하여 덩샤오핑은 왕전과 양상쿤을 거느리고 주하이, 선전, 샤먼 등의 경제특구를 시찰했다. 그는 경제발전에서 경제특구의 중요성을 강조함으로써 개혁개방에 반대하는 움직임이 더 이상 확대되지 못하게 만들었다. 보수파의 반발은 잠잠해졌고, 10월에 열린 12기 3중전회는 "계획이 있는 사회주의 상품경제"를 결의하게 되었다.

독립자주외교

1976~85년, 중화인민공화국의 정치경제적 상황은 외교관계의 변화 속에서 나타났고, 외교관계를 변화시키기도 했다. 1972년 닉슨이 베이징에서 마오쩌둥을 만나고, 1974년 덩샤오핑이 유엔총회에 참석하여 연설을 했을 때, 중화인민공화국이 '죽의 장막'을 연 것으로 보였다. 하지만 마오쩌둥이 죽고 사인방이 축출된 뒤에야 비로소 죽의 장막이 열리기 시작했다. 국가 주석은 화궈펑이었지만, 외교관계를 변화시키는 선봉장은 10기 3중전회(1977.8.)를 통해 다시 정치에 복귀한 덩샤오핑이었다.

1974년 이후 교착상태에 있던 중일 양국관계는 경제발전을 위한 일본의 도움이 필요한 상황에서 다시 논의되었다. 1978년 8월, 베이징에서 중일 양국 외무장관은 중·일평화우호조약에 조인했다. 조약에는 과거 문제가 되었던 '소련'의 패권주의 반대는 단순히 패권주의 반대로 명기되었다. 10월, 덩샤오핑은 8월에 중·일평화우호조약의 비준서를 교환하기 위해 도쿄로 갔다. 그는 일본의 공장을 견학했고, 신칸센을 타고 교토, 오사카, 나라 등도 방문했다. 일본은 과거 중화인민공화국의 적대국이었지만, 이제 발전모델을 제공하게 되었다.

1979년 1월 1일, 중미 양국 사이에 국교가 정상화되었다. 1978년 12월 16일, 11기 3중전회 이틀 전에 중미 양국은 이듬해 1월 1일 자로 국교를 회복한다는 수교 성명을 발표했다. 미국은 '하나의 중국' 원칙, 즉 중국은 하나이고 중국을 대표하는 유일한 합법정부로서 중화인민공화국을 인정했다. 미국과 타이완 사이에 공식적인 외교관계는 중단되었고, 경제, 문화, 무기 수출과 같은 비공식적인 교류만 유지되었다. 1월 28일, 덩샤오핑은 중화인민공화국 국가 지도자 가운데 최초로 백악관을 방문했다.

중일관계에서 가장 중요한 현안은 경제협력이었는데, 중미관계에서는 안전보장의 문제였다. 1월 31일, 덩샤오핑 국무원 부총리와 지미 카터J. Carter 대통령은 백악관에서 과학기술, 문화, 영사사무 등에 대한 협정을 체결했다. 덩샤오핑은 카터 대통령에게 베트남에 대한 중국의 군사계획을 알렸다. 카터 대통령은 베트남에 대한 군사행동이 국제사회에서 부정적인 여론을 형성할 수 있다는 의견을 밝혔다. 사실상 반대의 뜻을 밝힌 것이었다. 하지만 미국 측의 충고는 받아들여지지 않았다.

중미 정상이 협정 체결 후 박수치는 모습

인민해방군의 베트남 북부 공격

1979년 2월 17일, 덩샤오핑이 귀국한 지 얼마 지나지 않아서 인민해방군은 베트남에 대해 군사행동을 개시했다. 베트남은 미중수교를 계기로 소련에 가까워졌고, 미군이 철수한 뒤에 친중 성향의 크메르루주가 통치하던 캄보디아를 공격했다. 당시 중화인민공화국은 경제발전에 전념해야만 했고, 베트남 파병은 국제사회에서 반중감정을 자극할 수 있었으며, 소련이 전쟁에 개입할 수도 있다는 우려가 있었다. 군부에서는 베트남을 응징해야 한다는 강경론이 우세했다. 덩샤오핑은 지지 세력이었던 군부의 입장을 존중하여 파병을 결정했다. 인민해방군은 베트남의 여러 도시를 공격한 뒤에 일방적으로 승리를 선언했다. 전쟁은 3월 5일에 마무리되었고, 덩샤오핑은 군부의 의견을 들어주는 모양새를 취함으로써 군부의 지지를 확보함과 동시에 자신이 원하는 경제발전을 안정적으로 이끌 수 있었다.

1979년 12월, 소련은 아프가니스탄을 침공했다. 소련의 군사행동은 중화인민공화국의 위기감을 고조시켰다. 소련은 제정러시아 시대부터 중앙아시아와 인도로 세력을 확대하기 위해 아프가니스탄을 차지하려 했었다. 아프가니스탄은 중화인민국과 76킬로미터에 달하는 국경을 맞대고 있었다. 중소관계가 악화된 상황에서 친親소련 국가와 긴 국경선을 사이에 두고 있는 것은 안보를 불안하게 만드는 요소가 될 수도 있었다.

1960년대 후반부터 악화되었던 중소관계를 고려한다면, 소련의 아프가니스탄 침공은 중소관계를 더 긴장상태로 빠지게 만들 수 있는 사건이었다. 하지만 중화인민공화국 정부는 유연하게 대처했다. 1980년대에 들어서서, 중화인민공화국 외교정책의 중점은 경제개발에 지장을 초래할 수 있는 장애물이 생기지 않게 하는 것이었다. 덩샤오핑은 일본과 미국을 방문하면서 혁명이 아니라 경제발전에 앞장서는 지도자로서 이미지를 만들고 있었다. 따라서 이제 중화인민공화국의 외교정책은 세계혁명을 선도하는 국가로서 제3세계를 동맹국으로 챙기는 것이 아니라, 자국의 경제적 이익을 위해 이해관계에 맞는 국가들과 협력을 증진하는 것이었다.

1982년 3월, 소련공산당 서기장 브레즈네프는 타슈켄트Tashkent에서 중소관계를 개선하기 위해 국경문제를 논의하고 싶다고 연설했다. 1982년 9월, 12전회에서 신임 후야오방 중국공산당 중앙위원회 총서기는 소련이 팽창주의와 군사적 위협을 해소한다면 양국관계의 정상화를 위해 노력하겠다고 발표했다. 한편, 소련의 국내정치 상황에도 변화가 있었다. 1982년 11월에 브레즈네프 서기장, 1984년 2월에 안드로포프Y. Andropov 서기장, 1985년 3월 체르넨코K. Chernenko 서기장 등이 차례로 사망했다. 중화인민공화국은 조문사절을 보냈고 조문외교가 진행되었다. 중소관계는 개선의 분위기가 형성되었는데, 본격적인 대화는 고르바초프M. Gorbachov 시대를 기다려야만 했다.

중일관계와 중미관계에서 각각 역사교과서와 타이완 문제는 외교관계가 진전되는 과정에서 걸림돌이 되기도 했다. 1982년 6월, 일본 문부성이 고등학교 역사교과서의 화북침략이라는 표현을 화북진출로 수정하게 했다는 소식이 방송에서 보도되었다. 7월, 중화인민공화국 외교부는 일본대사관 공사를 불러 정식으로 항의했다. 언론과 방송은 일제히 일본 군국주의의 부활을 경계하고 비판했다.

《인민일보》(7월 30일)는 사설을 통해 일본의 "침략의 역사를 뜯어고치고 군국주의를 미화하는" 행태를 용납해서는 안 된다고 분노했다. 8월, 일본정부는 교과서의 검정기준으로 이웃나라를 배려하는 조항을 추가하겠다고 밝혔다. 9월, 12전회에서 일본정부의 입장이 받아들여졌다. 그리고 11월이 되어 일본의 검정심의회가 관련 조항을 추가하면서 역사교과서의 서술을 둘러싼 중일 양국 사이의 갈등은 일단락되었다.

한편, 중미관계에서는 미국이 타이완에 무기를 수출하는 것이 문제가 되었다. 중미 양국은 '중국이 하나이고 타이완이 중국의 일부'라는 하나의 중국 정책에 대한 공감을 바탕으로 수교하게 되었다. 미국이 타이완에 계속해서 무기를 판매하자, 1982년 9월 12전회에서 초강대국(미국)의 패권주의를 강력하게 비판했다. 미국은 무기 판매의 중단에 대해 어떤 약속도 하지 않았다. 1981년 6월, 헤이그 국무장관이 베이징을 방문했을 때, 미국의 무기 판매가 질적·양적으로 과거의 수준을 넘지 않겠다고 약속했다. 1982년 8월 17일, 중미 양국은 8·17 성명을 발표하여 미국이 타이완에 무기를 판매하는 것을 단계적으로 해결하기로 했다. 따라서 12전회의 비판은 중국공산당이 새로운 외교정책을 추진하기 위한 수사적인 표현이었다.

1982년 9월, 12전회에서 중국공산당은 '독립자주'라는 새로운 외교노선을 발표했다. 덩샤오핑과 후야오방은 각각 개회사와 정치보고를 통해 외교원칙으로 독립자주를 강조했다. 그 요지는 중화인민공화국은 자국의 문제를 강대국에 의존하거나 굴복하지 않고 독립자주의 원칙에 따라 해결한다는 것이었다. 독립자주 외교노선은 건국 이후 소련일변도 정책, 비동맹외교, 신중간지대론, 3개 세계론 등을 거쳐 탄생한 것이었다.

　독립자주 외교노선은 과거의 경험을 바탕으로 중화인민공화국이 소련이나 미국 어느 쪽에도 속하지 않고 독자적으로 자유롭게 외교관계를 맺겠다는 전략적인 결정이었다. 마오쩌둥은 평생 세계를 적과 아군으로 나누고 전쟁과 혁명이라는 관점에서 판단했다. 반면, 덩샤오핑은 자국에게 어떤 경제적 이익을 가져다주느냐에 따라 세계를 바라보았고, 마오쩌둥처럼 전쟁과 혁명을 피할 수 없는 것으로 보지 않았다. 따라서 덩샤오핑 시대에는 더 이상 과거처럼 사회주의와 자본주의가 분리되지 않고 하나의 시장으로 통합된 것으로 이해되었고, 전쟁과 혁명보다 경제발전이 가장 중요한 목표가 되었다.

8장

인민의 목소리

1986년, 중화인민공화국은 기본적이고 새로운 경제
체제의 기초를 확립한다는 목표 아래 제7차 경제개발
5개년계획(7·5계획)에 착수했다. 7·5계획은 순조롭
게 진행될 것으로 보였다. 당시 덩샤오핑은 확고하게
권력을 장악했고, 경제발전이라는 목표가 분명했으
며, 유연한 외교정책을 통해 대외관계도 원만한 상태
였다. 하지만 위로부터의 경제개혁이 급속히 추진되
고 경제체제가 바뀌는 과정에서 인민의 목소리는 억
눌렸고, 경제의 주도권, 투자 과열, 물가상승, 분배 등
의 문제는 풀어야 할 과제가 되었다.

자유의 바람

1983년 화궈펑은 정치 일선에서 완전히 물러났고, 덩샤오핑의 권력은 확고해졌다. 후야오방 총서기와 자오쯔양 총리는 덩샤오핑의 신임 아래 공식적으로 당과 정부를 대표하면서 개혁개방을 이끌었다. 그리고 중앙기율검사위원회 서기 겸 중국공산당 중앙위원회 부주석 천윈은 원로들의 입장을 대변하고 있었다. 세 사람은 기본적으로 문화대혁명의 잃어버린 10년으로부터 벗어나서 경제를 발전시켜야 한다는 것에 동의했다. 다만, 발전의 주도권과 방향에 대한 시각의 차이가 존재했다.

천윈으로 대표되는 원로들은 중앙이 주도하여 계획경제 안에서 시장경제를 활성화시켜야 한다고 주장했다. 천윈은 새를 새장 안에 가둬놓고 키워야 한다는 조롱鳥籠경제론을 내세웠다. 개혁개방 초기에 자본주의를 반대하던 보수파는 자본과 시장이 대륙으로 밀려들자 정신오염과 물질만능 풍조가 만연한다고 비판했다. 덩샤오핑을 지지하는 원로들은 보수파의 공격을 막아내기 위해 자신들도 부정적이었던

12기 3중전회에 참석한 리셴녠, 천윈, 후야오방, 자오쯔양(왼쪽부터)

전면적인 시장경제의 도입을 견제해야 한다고 여겼다. 그 결과물이 조롱경제론이었다. 중앙의 강력한 통제라는 견해는 야오이린姚依林과 리펑李鵬에게 이어졌다.

자오쯔양으로 대표되는 보수개혁파는 중앙중심의 시장경제를 중시했다. 자오쯔양은 쓰촨성에서 농업과 국유개혁을 주도했고, 그 공로를 인정받아서 총리로 발탁될 수 있었다. 지역간부에서 시작하여 중앙간부가 되었기 때문에 권력의 향배에 따라 행동했다. 시장을 중시하면서도 재정과 금융을 통한 중앙의 시장 조절이 필요하다는 입장이었다. 정책을 통한 시장 조절이라는 견해는 톈지윈田紀雲과 주룽지

朱鎔基에게 이어졌다.

후야오방으로 대표되는 민주개혁파는 지방분권을 통한 시장경제의 활성화를 중시했다. 후야오방은 공산주의청년단(공청단共靑團) 같은 중앙의 조직에서 제1서기로서 경력을 쌓음으로써 중국공산당 총서기까지 올랐다. 오랫동안 주류에 속해 있었기 때문에 자오쯔양보다 더 과감하게 행동했다. 지방분권을 실시하고 시장경제를 더욱 활성화함으로써 생산을 높여야 한다고 여겼다. 지방분권을 통한 생산증대라는 견해는 완리萬里, 뤼둥呂東에게 이어졌다.

흥미롭게도 지방에서 경력을 쌓은 자오쯔양은 중앙의 정책을 통한 시장 조절을, 중앙에서 경력을 쌓은 후야오방은 지방분권을 통한 생산증대를 주장했다. 간단히 말해서 자오쯔양은 중앙의 통제, 후야오방은 지방의 자율성을 중시했다. 한편, 천원은 국가의 혁명 원로로서 시장으로 보완하는 계획경제를 강조했다. 경제발전을 위해 시장경제의 요소가 도입되어야 한다는 점에 동의했음에도 불구하고, 1960년대 초반이나 1970년대 중반의 조정정책과는 비교할 수 없는 변화가 추진되는 상황 앞에서 천원, 자오쯔양, 후야오방으로 대표되는 중앙의 고위 간부(관료)들 사이에서 입장 차이가 있었다.

건국 이래 가장 큰 변화 앞에서 중앙의 고위 간부들이 일사분란하게 목소리를 내지 못하고 있을 때, 인민들 사이에서는 자유의 바람이 불기 시작했다. 그 자유의 바람에 몸을 싣고 적극적으로 행동에 나선 것은 남쪽의 대학생들이었다. 문화대혁명이 끝난 뒤에 대학들은 다시

《중국의 지명수배자: 반역자가 된 과학자의
여정》, 팡리즈 자서전(2013)

문을 열었고 신입생을 받기 시작했다. 대학생들은 많은 학습 부담을 안고 있었다. 하지만 현실의 삶으로부터 상대적으로 자유로웠고, 일반인들보다 사회문제에 관심이 많았다.

1986년 12월, 15개 대도시의 150여 개 대학의 대학생 10만여 명이 거리에서 시위를 벌였고, 언론·집회·표현의 자유를 요구했다. 시위는 안후이성의 성도 허페이슴肥에 있는 중국과학기술대학에서 시작되었다. 학생들은 허페이의 중국공산당 위원회(당위원회)가 학교와 상의 없이 전국인민대표대회의 대표를 지명한 것에 분노했고, 정식 선거를 거부하기로 결의했다. 부총장 팡리즈方勵之는 학생들의 편에 섰다.* 12월 5일, 안후이대학과 허페이공과대학의 학생들도 동참하여 3000여 명이 시 정부 앞까지 행진 시위를 벌였다. 학생들의 시위에 당위원회는 대학 선거구의 인민 대표 의석을 대학에 분배하고 선거를

---

* 1987년, 팡리즈는 공산당 당적을 박탈당했다. 1988년부터는 해외여행이 불허되었다. 1989년 6·4 톈안먼사건의 배후로 지목되었고, 1990년 미국으로 망명했다. 그 뒤, 애리조나대학에서 물리학 교수로 재직하다가 2012년 사망했다.

연기하기로 결정했다.

12월 19일, 상하이에서는 3만여 명의 학생과 10여 만 명의 노동자들이 참여한 시위가 일어났다. 베이징에서는 4000여 명의 학생들이 톈안먼 광장에서 시위를 벌였다. 후야오방 총리는 청년들의 열정과 이상을 옹호했고, 장쩌민江澤民 상하이 시장도 합법적인 의사표현을 가로막아서는 안 된다고 했다. 정부의 이성적인 대응은 학생들의 분노를 자극하여 시위가 확대되는 것을 막았다. 또한 기말시험과 방학이 이어지면서 학생들은 교실과 고향으로 돌아가야만 했다.

시위는 정리되었고 학교는 평온해졌다. 하지만 중국공산당 내부는 시위의 발생과 그 대처를 둘러싼 책임론이 불거졌다. 정치 불안을 야기한 것에 대해 누군가 책임을 져야 한다는 것이었다. 기존의 질서가 하나 둘씩 무너지는 것에 위기감과 불만을 느낀 사람들이 있었고, 그 위기감과 불안은 권력으로부터 멀어지고 있던 보수파에 의해 정치적으로 이용되었다. 보수파는 공격의 화살을 후야오방에게 겨누었다. 후야오방이 학생들의 시위를 지나치게 온건하고 안이하게 대처했다는 것이었다. 더 나아가 자본주의와 부르주아계급의 타락한 문화가 유행하는 것도 후야오방의 책임이라고 했다.

사실 보수파의 후야오방에 대한 공격은 누적된 불만이 폭발한 것이었다. 후야오방은 당의 체질을 개혁하여 젊게 만들려는 계획을 갖고 있었다. 그는 1987년 10월로 예정된 중국공산당 제13기 전국대표대회에서 중앙위원과 정치국 위원의 퇴직 연령을 60세와 72세로 규정할 예정이었다. 원로들은 불만을 품었지만 대놓고 반대할 명분도 약했다. 그런데 안후이성에서 시작된 학생시위는 후야오방을 공격할 명분을 제공했다. 후야오방은 군대의 병력을 감축하겠다는 주장을 했기 때문에 군부도 그의 편이 아니었다.

1987년 1월 16일, 후야오방은 압박을 이겨내지 못한 채 정치국확대회의에서 사의를 표명했고, 자오쯔양이 총서기 임무를 대리하게 되었다. 전인대 위원장 펑전과 중국공산당 중앙서기처 서기 덩리췬鄧力群은 부르주아계급의 냄새를 풍기면서 자유를 요구하는 움직임을 저지하는 선봉에 섰다. 국무원도 언론과 출판을 감시하는 전담기구를 설치했다. 사회가 갑작스럽게 개혁개방 이전으로 되돌아가는 분위기였고, 한동안 개혁에 반대하는 보수파의 목소리가 커졌다. 하지만 덩샤오핑은 자신의 측근 후야오방을 보수파에게 제물로 바친 뒤에 봄과 여름을 지내면서 반격을 준비했고, 가을이 무르익자 행동에 나섰다.

1987년 10월 25일~11월 1일, 중국공산당 제13기 전국대표대회(13전회)가 열렸다. 이 13전회를 통해 세대교체를 단행했다. 국가 주석 리셴녠을 비롯하여 펑전(85세), 덩리췬(72세), 천윈(82세) 등 원로 90명이 자리에서 물러났다. 자오쯔양은 정식 총서기가 되었고, 양상쿤은 중앙군사위원회 부주석이 되었다. 중앙정치국 상무위원에는 당연직 자오쯔양 총서기를 비롯하여 리펑, 차오스喬石, 후치리胡啓立, 야오이린 등이 선출되었다. 자오쯔양과 후치리는 중앙이 주도하는 시장경제를, 리펑과 야오이린은 중앙이 통제하는 시장경제를 주장했다.

차오스는 공안公安(=경찰) 출신으로 중립적인 입장이었다. 중국공산당은 13전회를 통해 당·국가체제 아래 시장경제를 정착시키겠다는 의지를 다시 한 번 확인했다.

개혁의 그늘

덩샤오핑은 13전회에서 자오쯔양을 총서기로 만들었고, 보수파를 끌어안으면서 경제개혁을 추진하겠다는 것을 분명히 했다. 그는 자오쯔양의 목소리를 통해 13전회에서 사회주의 초급단계론의 기본노선으로 하나의 중심, 두 개의 기본점을 제시했다. 중화인민공화국은 생산력이 낮고 상품경제도 발달하지 못한 사회주의 초급단계에 있다. 따라서 초급단계를 넘어서기 위해 경제건설이라는 하나의 중심을 가지고, 네 가지 기본원칙과 개혁개방이라는 두 가지 기본점을 견지해야 한다는 것이었다.

네 가지 기본원칙이란 1979년 3월에 덩샤오핑이 처음 제시한 것으로 사회주의, 인민민주독재, 마르크스·레닌주의와 마오쩌둥사상, 그리고 공산당의 영도를 말한다. 당시 민주주의를 요구하는 목소리가 높아지자 정치적 표현의 한도를 정했다. 덩샤오핑은 중국공산당이 영도하는 사회주의를 부정하는 표현이나 요구를 금지하겠다는 점을 다시 확인했다. 아울러 개혁개방을 네 가지 기본원칙과 함께 두 가지 기본점으로 언급함으로써 개혁개방도 흔들림 없이 추진하겠다는 것을 분명히 했다. 이제 문제는 보수파가 제기한 개혁개방의 부작용들을 어떻게 해결하느냐는 것이었다.

보수파의 표현을 빌리자면, 개혁개방 정책이 시작된 뒤에 중화인민공화국 사회는 자본주의로 오염되었다. 오염된 사회는 개혁개방 이전 사회와 비교되면서 인민들의 정서를 자극했다. 보수파는 후야오방이 실각한 것에 만족하지 않았고 문제를 집요하게 물고 늘어졌다. 관료들의 특권과 부정부패 문제는 개혁개방 정책이 가져온 문제가 아니었다. 문화대혁명 시기에도 관료들의 전횡은 존재했고, 어떤 점에서 사인방의 전횡과 부패는 더욱 심했다. 차이가 있다면 과거에는 경제규모가 작았는데, 그 규모가 커지면서 문제가 더 크게 보였다는 점이다. 결국, 보수파의 분노와 반발은 자신들이 특권을 잃는 것에 대한 상실감의 표현이었다.

보수파의 반발에는 정치적 의도가 있었지만, 일반 인민들에게도 개혁개방이 사회를 불평등하게 만든 것으로 보이는 문제들이 있었다. 가난했지만 평등했던 나라가, 부유해지고 있지만 불평등한 나라로 바뀌는 것으로 보였다. 계획경제와 시장경제가 공존하는 상황으로 인해 생산, 소비, 분배, 가격 등에서 혼란이 발생했다. 정부는 지역에 따라 상품과 원자재 가격이 지나치게 차이가 나는 것을 보완하기 위해 이중가격제를 실시했다. 그런데 이중가격제는 일부 탐욕스런 관료들의 배만 불리는 결과를 초래했다.

당·국가체제에서 당 간부는 곧 관료였다. 관료의 부패는 체제의 퇴행을 부추기는 문제일 수밖에 없었다. 사회 전반에서 위험한 신호들이 감지되기 시작했다. 그리고 덩샤오핑이 제시했던 네 가지 기본원칙에 균열이 발생하고 있었다.

먼저, 계급 없는 평등을 지향하는 사회주의가 훼손되고 있었다. 새로운 자본가계급이 등장하면서 인민이 부유한 인민과 가난한 인민이라는 계급으로 나눠지고 있었다. 개혁개방 이전에 외부 세계에는 가난하게 보였을지라도 부의 불평등은 상대적으로 심하지 않았다. 하지만 10여 년에 걸친 개혁개방 정책으로 부유한 계급과 가난한 계급, 부유한 지역과 가난한 지역의 차이가 나타났고, 그 격차가 갈수록 벌어졌다. 도시와 농촌의 소득격차는 다시 확대되었다.

도시가구의 1인당 소득이 1979년 405위안에서 1988년 1180위안으로 뛸 때, 농촌은 160위안에서 544위안으로 올랐다. 농촌의 소득은 도시 소득 대배 1979년 39퍼센트에서 1985년에 53퍼센트까지 올랐다가 다시 떨어져서 1988년이 되면 46퍼센트가 되었다. 개혁개방의 성과가 농촌에서 먼저 나타면서 농촌의 소득이 늘어났지만, 개별 농가에서 비료를 비롯하여 생산에 필요한 비용 부담이 증가하면서 다시 격차가 벌어진 것이다. 농촌에서는 인민공사 시기에는 집단농장에 파묻혀서 눈에 띄지 않았던 과잉노동력이 드러났고, 그 노동력 가운데 상당수는 도시로 흘러들었다.

다음으로, 중국공산당의 영도와 인민민주독재가 도전받고 있었다.

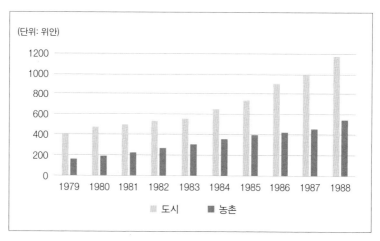

(단위: 위안)

도표1 1979~1988년 도시와 농촌의 1인당 소득.《中國統計年鑑》을 참조하여 작성.

공산당의 영도가 아니라 인민이 민주주의를 이끌어야 한다는 주장은
이미 1970년대 말부터 나타났다. 1978년 11월, 웨이징성은 4개 현대
화에 하나를 더하여 다섯 번째 현대화로 노동자와 농민을 포함한 인
민이 주권자가 되는 민주주의를 요구했다. 이듬해, 그는 공안에 체포
되었고, 15년형을 선고받았다. 1986년 12월, 허페이에서는 언론·출
판·결사의 자유를 요구하는 시위가 일어났고 전국으로 확대되었다.
후야오방 총서기는 학생들을 옹호했고, 결국 이듬해 열린 전국인민대
표대회에서 보수파에 의해 총리에서 물러나게 되었다.

1988년 3월 25일, 제7기 전국인민대표대회가 열렸다. 양상쿤이 국
가 주석, 리펑이 국무원 총리, 개혁파 완리가 인민대표대회 상임위원
회 위원장, 덩샤오핑이 중화인민공화국 중앙군사위원회 주석에 선출

되었다. 양상쿤과 리펑은 보수파, 완리는 자오쯔양 총서기와 같은 개혁파였다. 결국 주석과 총리는 보수파, 전인대 위원장과 총서기는 개혁파로 구성되었다. 덩샤오핑까지 포함한다면, 당시 권력의 추는 개혁파 쪽으로 기울어 있었다. 자오쯔양은 대회연설에서 정부 정책에 대해 비판할 수 있다며 유화적인 목소리를 냈다. 보수파는 언론의 자유를 옹호하는 자오쯔양의 발언을 받아들이기 어려웠다.

끝으로, 마르크스·레닌주의와 마오쩌둥사상이 훼손되고 있었다. 중국공산당은 개혁개방 이후에도 여전히 사회주의 사상의 선구자로서 마르크스와 레닌, 노동자에 농민을 결합하여 사회주의를 현지화한 마오쩌둥사상을 국가의 이념으로 선전했다. 하지만 사회주의는 차츰 교육기관과 정치 영역에서 논의되고, 현실에서는 물질을 중시하는 자본주의가 넘쳐나고 있었다.

관료들과 관계를 맺기 위한 수단으로 사회주의를 말할 뿐이었고, 현실에서 사회를 움직이는 것은 점점 더 '돈'이 되어 가고 있었다. 문화대혁명 시기 인민들은 사회주의를 위해 앞을 향해 나가자며 '샹첸저우向前走'를 외쳤는데, 개혁개방 이후 인민들은 돈을 향해 나가자며 '샹첸저우向錢走'를 외치고 있었다. 1987년 8월 29일 밤, 칭화대 교정에서 문화대혁명 시기 전국 최초로 세워졌던 마오쩌둥 동상이 소리 없이 철거되었다. 그 뒤, 각지의 대학에서 마오쩌둥의 동상은 차례로 사라졌다. 하지만 여전히 마오쩌둥사상은 중화인민공화국의 헌법에 핵심 이념으로 남아 있었다.

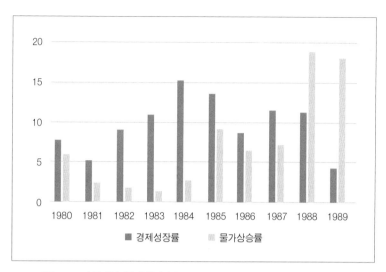

도표2 1980~1989년 경제성장률과 물가상승률. 中國國家統計局 자료를 참조하여 작성.

　1988년 5월, 정부는 경제성장의 수치를 근거로 가격통제 정책 대신에 가격자유화 정책을 실시했다. 하지만 정부가 통제하던 돼지고기, 채소, 계란, 설탕 등 필수품의 가격이 폭등했다. 인민들은 불안한 마음에 식자재를 사들였고, 가격은 더 오르게 되었다. 물가폭등으로 도시주민들의 실질소득이 감소했고, 불만이 증폭되었다. 도표2의 수치를 보면, 1980~1987년 정부는 가격을 통제하고 보조금을 지불하는 방식으로 물가를 경제성장률 아래로 억제할 수 있었고, 1988년부터 가격자유화 정책을 실시했다. 하지만 정책이 전환되자마자, 물가성장률이 경제성장률을 앞서게 되었다.

　1988년 10월 1일, 중국공산당 중앙위원회가 개최되었다. 자오쯔양의 경제정책은 보수파로부터 공격을 받았다. 보수파가 목소리를 높이는 상황에서 덩샤오핑도 한걸음 물러날 수밖에 없었다. 결국, 자오쯔양을 대신하여 보수파였던 리펑이 경제정책을 주관하게 되었다. 중앙인민정부의 통제가 강화되었다. 중국문명의 쇠락을 비판하고 전면적인 개방을 호소하던 〈하상河殤〉과 같은 텔레비전 다큐멘터리는 더 이상 보기 어렵게 되었고, 서양의 록rock 음악을 받아들인 록 가수 추이젠崔建의 〈일무소유一無所有〉와 같은 음악도 비판의 표적이 되었다. 강압적인 분위기가 사회 전체에 흐르기 시작했다.

톈안먼사건

1988년 10월부터 리펑을 중심으로 하는 보수파가 경제정책을 주도했고, 인민들의 정치적인 목소리를 제한했다. 중앙인민정부는 강력하게 경제정책을 통제했고, 통화량을 줄이기 위해 금융 긴축을 실시했다. 그러나 물가는 잡히지 않았고 경제는 침체에 빠지는 스태그플레이션이 일어났다. 경제침체와 물가상승에서 벗어날 탈출구가 보이지 않는 상황에서 한 해가 저물었고 새해를 맞이했다.

1989년은 20세기 중국의 역사에서 의미 있는 해였다. 1919년 5·4운동이 일어났고, 1949년 중화인민공화국 중앙인민정부가 수립되었다. 1989년 1월, 2년 전 안후이성의 시위로 요주의 인물이 된 물리학자 팡리즈는 덩샤오핑에게 공개서한을 보냈다. 그는 5·4운동이나 정부 수립을 기념하여 대사면大赦免을 시행해달라고 요청했다. 대사면 대상으로 1979년에 다섯 번째 현대화, 즉 민주주의를 주장하다가 체포되어 15년형을 선고 받고 복역 중이던 웨이징성을 거론했다. 그의 요청은 무시되었다.

1989년 2월 25일, 조지 부시G. Bush 미국 대통령은 취임한 지 한 달 만에 유럽이 아니라 베이징을 방문했다. 부시 대통령은 개혁개방 이전(1974~1975)에 이미 미국 국무부 베이징연락사무소 소장을 지냈다. 그는 정치적 목적을 가지고 대사관에서 열리는 만찬에 팡리즈 부부 등을 초청했다. 초청받은 인사들은 정부에 비판적인 목소리를 내왔던 사람들이었다. 당연히 그들은 정부의 방해로 연회에 참석하지 못했다. 경제적인 이유 때문에 중미관계는 개선되었고, 국빈 방문도 이뤄졌다. 하지만 중국공산당과 중앙인민정부는 국내에서 더 많은 민주주의를 용인할 생각이 없었다.

봄이 되면서 날이 따뜻해졌고, 인민들은 집 밖에서 활동하는 시간이 늘어났다. 밖에 나온 인민들 사이에서는 여전히 팍팍한, 잡힐 것 같지 않은 물가상승을 둘러싸고 갑론을박이 벌어졌다. 학계에서는 신권위주의를 내세우는 학자들이 나왔다. 신권위주의는 저개발국이나 개발도상국에서 경제가 성장하기 위해서는 일정한 시간 동안 강력한 힘을 가진 정부가 필요하다는 것이었다. 왕후닝王滬寧 같은 젊은 정치학자의 신권위주의는 한국이나 타이완, 싱가포르에서 내세웠던 개발

1989년 2월 25일 톈안먼 앞의 조지 부시

독재론의 변형된 형태였다. 또한 덩샤오핑이 경제를 발전시키더라도 네 가지 기본 원칙을 지켜야 한다고 했던 것과도 비슷한 논리를 담고 있다.

　1989년 4월 15일, 민주주의의 확대에 대해 포용적인 자세를 갖고 있었던 후야오방이 급작스럽게 세상을 떠났다. 덩샤오핑의 측근으로 보수파의 압박 속에서도 학생들의 목소리에 귀를 기울였고, 그 때문에 총서기의 직책을 잃은 뒤에도 학생과 인민들의 사랑을 받았다. 후야오방의 갑작스런 죽음은 1976년의 상황이 다시 되풀이되는 것 같은 기시감을 들게 만들었다. 1976년 4월, 저우언라이의 죽음을 애도하기 위해 인민들이 톈안먼 광장으로 몰려들었고, 애도의 물결은 사인방에 대한 비난의 함성으로 바뀌었다.

대학생과 지식인을 비롯한 시민들이 후야오방의 죽음을 애도하기 위해 톈안먼 광장으로 몰려들었다. 시위 참여자의 수는 갈수록 늘어났다. 애도로 시작했던 시민들의 목소리는 후야오방의 명예를 회복하라는 요구로 바뀌었다. 시간이 지나면서 관료 부패의 척결이나 표현의 자유를 요구하는 주장들이 봇물처럼 쏟아졌다. 중국공산당은 처음에 추모의 움직임을 용인했다. 하지만 정치적인 목소리가 나오기 시작하자 공식적인 반응을 내놓았다.

1989년 4월 26일, 《인민일보》는 선명한 깃발로 동란에 반대해야 한다는 제목의 사설을 발표했다. 사설의 내용은 이랬다. 딴 생각을 품은 극소수의 사람들이 후야오방 동지를 추도하려는 청년 학생의 마음을 이용하여 민주라는 구호를 내세워 법제도를 파괴하고 있는데, 그 목적은 민심을 쪼개고 전국을 어지럽게 만들어서 정치적 안정과 단결의 국면을 파괴하려는 것이다. 과거 반우파투쟁, 쌍백운동, 문화대혁명, 4·5운동 등의 전개과정을 잘 알고 있던 시민들은 《인민일보》의 사설이 중국공산당의 강력한 경고라는 것을 눈치 챘다.

중국공산당의 경고에도 불구하고, 톈안먼 광장으로 향하는 시민들은 더 늘어만 갔다. 베이징뿐만이 아니었다. 시위는 상하이를 비롯한 대도시에서도 벌어졌다. 중국공산당 지도자들은 부패척결과 민주주의를 요구하는 시민들의 시위 대책을 놓고 대립했다. 리펑 등은 시위를 더 이상 방관할 수 없는 상황이고, 특단의 대책이 필요하다고 주장

1989년 5월 4일 톈안먼 광장

했다. 자오쯔양은 학생들과 대화해야 한다고 반박했다.

리펑 총리가 이끄는 중앙인민정부는《인민일보》의 사설이 발표되던 날(4월 26일), 이미 시위를 불법으로 규정했다. 하지만 시위 참가자는 계속 늘어났다. 5월 4일, 5·4운동 70주년이 되는 날에 시위 참가자들은 톈안먼 광장에서 마음껏 자신들의 생각을 말하고 유쾌하게 목소리를 높이며 축제와 같은 분위기를 즐겼다. 왕단王丹이나 우르케시吾爾開希(=우얼카이시) 같은 적극적인 학생들은 정부로부터 아무런 약속도 받아낸 것이 없는 상태에서 시위를 중단할 수 없다며 단식 농성을 시작했다.

5월 15~18일, 고르바초프 소련공산당 서기장이 베이징을 방문했다. 중국공산당 지도부는 소련의 국빈이 방문하는 동안 톈안먼 광장에서 대규모 시위가 벌어지고 있는 것을 당혹스럽게 여겼다. 5월 19일 자오쯔양 총서기는 직접 톈안먼 광장으로 가서 학생들을 위로했다. 바로 그날, 리펑 총리는 계엄령을 내렸다. 자오쯔양과 리펑의 엇갈린 행보는 중국공산당 지도부에서 벌어지고 있던 대립을 그대로 보여주는 것이었다. 다만, 양상쿤 국가 주석과 덩샤오핑까지 리펑의 입장을 지지하면서 대세는 기울었다.

시간이 지나면서 정부의 시위대에 대한 태도는 더욱 강경해졌고, 대화를 위한 창구는 없었다. 톈안먼 광장의 학생과 시민들은 점차 초조해졌고 지쳐갔다. 왕단과 우르케시는 학생들에게 일단 학교로 돌아가라고 호소했다. 하지만 이제 시위의 주도권은 다른 지역에서 상경한 학생들에게 넘어갔다. 지휘부가 없는 시위대는 정부에 더 거슬리는 행동들을 하기 시작했다. 미국의 자유여신상이 등장했고, 마오쩌둥을 희화화한 동상이 세워졌으며, 톈안먼 망루의 벽에 걸린 마오쩌둥의 초상화는 더럽혀졌다. 늘 그렇듯이, 반정부 시위에서 나타나는 과격하거나 상식을 벗어난 행동은 정부에게 탄압의 빌미를 제공하는 일이었다.

계엄령이 내린 뒤부터 베이징의 외곽에는 인민해방군 병사들이 상부의 명령을 기다리고 있었다. 6월이 되면서 대부분의 학생과 시민들은 톈안먼 광장을 떠났는데, 일부 시위대들이 여전히 자리를 지키고 있었다. 여름의 더위에 지친 시위대는 밤이 되면 허술한 가림막 아래

탱크를 막아선 남자

에서 잠이 들었다.

　6월 4일, 광장의 아침을 깨운 것은 여느 때와 같은 정치적 구호가 아니었다. 광장을 향해 거침없이 나아가는 탱크 소리, 줄을 맞춰 일사 분란하게 움직이는 인민해방군의 발소리, 그리고 고통에 몸부림치는 신음소리 등이었다. 이름 모를 남자는 맨몸으로 탱크 앞을 막아서는 용기를 보여주기도 했다. 이 남자가 탱크를 막아선 것은 잠깐이었다. 광장에는 시위대 수백 명의 붉은 피가 뿌려졌다. 인민해방군이 인민에게 총을 겨눈 사건은 세계인을 경악하게 만들었다. 6월 9일, 덩샤오핑은 텔레비전 연설에서 군대가 동원된 것은 유감이라면서도 공산당, 사회주의체제, 중화인민공화국을 전복하려 한 반혁명세력을 제거한 것이라고 담담한 어조로 말했다. 인민들은 침묵했다. 그 후로, 인민들은 오랫동안 6·4 톈안먼사건(제2차 톈안먼사건)을 입에 올리지 않았다.

실용주의 외교

1982년 9월, 12전회에서 독립자주 외교노선이 발표되었다. 1970년대까지 중국공산당은 세계 사회주의혁명을 선도하는 나라라는 자부심으로 국제관계에서 부딪힌 어려움들을 버텨냈다. 1980년대부터 개혁개방 정책이 본격적으로 실시되면서 이제 과거의 자부심보다는 경제적으로 부유한 나라를 만드는 것을 더 중요하게 여기게 되었다. 외로운 자부심보다 풍요로운 만족감을 선택한 것이다.

중화인민공화국의 새로운 외교정책은 실용주의로 설명될 수도 있다. 나라를 부유하게 할 수 있다면 시장이든 계획이든 가릴 것이 없다는 것이 덩샤오핑의 실용주의다. 마찬가지로, 나라를 부유하게 할 수 있다면 자본주의국가든 사회주의국가든 가릴 필요가 없는 것이다. 실용주의는 국내정치를 넘어 외교에서도 그대로 적용되었다.

사회주의 진영의 우방이었다가 대립했던 중소관계는 1982~85년 브레즈네프, 안드로포프, 체르넨코 등 소련공산당 서기장들에 대한 조문을 계기로 개선의 물꼬가 트였다. 고르바초프 서기장은 고령의 전임자들과 달라 54세의 젊은 나이에 취임했다. 그는 새로운 생각을 가져야 한다면서 계획경제가 지닌 문제점에 비판적이었고, 어려운 경제와 폐쇄적 정치를 벗어나고자 소련판 개혁개방 정책인 '페레스트로이카perestroika'와 '글라스노스트glasnost' 정책을 추진했다.

중소관계는 비슷한 시기, 비슷한 정치세력이 등장하면서 크게 개선되었다. 1986년 7월, 고르바초프는 미소관계를 개선하기 위해 아프가니스탄에서 소련군을 철수하고, 중소관계를 위해서는 국경분쟁에 대한 평화적 해결을 제의했다. 12월, 중소 양국은 각각 레닌그라드와 상하이에 총영사관을 개설했다. 1987년 2월, 중·소국경회담이 시작되었고, 이듬해 말부터 양국의 외교부장관이 상대국을 방문하여 관계 정상화를 위해 협의했다. 1989년 5월 15일, 고르바초프가 베이징을 방문했다. 5월 16일, 덩샤오핑과 고르바초프는 회담에서 새로운 선린우호관계를 만들기로 했고, 중소 양국은 연합성명을 통해 국교 정상화를 공표했다.

미국과의 관계개선은 중소관계의 정상화와 밀접한 관련을 갖고 있었다. 1970년대 후반, 덩샤오핑을 비롯한 중국공산당 지도부는 미국과 협력하여 소련을 압박하는 연미반소聯美反蘇의 외교정책을 펼쳤다. 연미반소 정책은 자칫 사회주의 진영 안에서 중화인민공화국을 고립시킬 수 있다는 우려가 있었다. 그래서 중국공산당 지도부는 주변 강대국 소련과 관계를 개선함으로써 안정된 주변 환경 속에서 경제발전

1989년 5월 16일, 중소회담 전에 악수하는 덩샤오핑과 고르바초프

을 추진하고, 미국도 견제할 수 있다고 판단했던 것이다. 중화인민공화국이 미소 양국과 적절한 거리를 유지함으로써 세 나라가 서로 원만한 관계를 형성할 수 있었다.

중미관계가 평탄하게 진전된 것만은 아니었다. 1980년대에 들어서면서 미국은 중화인민공화국과 교류를 크게 늘려나갔다. 하지만 여전히 중화인민공화국에서 벌어지는 일들에 대한 비판도 주저하지 않았다. 1986년에 중국제 미사일의 이란 수출을 가로막았고, 1987년 3월에 티베트에서 일어난 소요를 진압하는 것을 우려했으며, 1989년 2월 반체제 물리학자 팡리즈를 미국 대사관의 만찬에 초청했다. 양국관계는 긴장 속에서도 여전히 원만하게 발전할 수 있었다. 중화인민공화국은 미국의 기술과 시장을 원했고, 미국은 아시아·태평양 지역에서 소련을 견제하기 위해 중국이 필요했기 때문이다.

중·미·소 삼국의 관계가 좋아지자, 아시아에서 일본의 지위가 위협받기 시작했다. 일본은 중화인민공화국이 국제무대에 등장하기 전에 미국의 동맹국으로서 아시아 전역에서 영향력을 키우고 있었다. 하지만 중화인민공화국은 점차 아시아 각국의 화교들과 협력을 통해 일본의 영향력을 잠식하고 있었다. 1980년대 초부터 중일 양국은 경제적으로 긴밀한 관계를 맺고 있었다. 일본은 중일무역에서 큰 흑자를 기록하고 있었고, 반면에 중화인민공화국의 대일무역 적자는 전체 무역 적자의 절반 이상을 차지했다.

대일무역 적자가 역사문제와 연결되었을 때 인민들의 반일감정을 자극했고, 중일관계를 얼어붙게 만들었다. 인민들은 여전히 중일전쟁의 참상과 일본이 저질렀던 만행을 기억하거나 들어서 알고 있었다. 대외개방으로 일본상품들이 들어오자, 인민들은 품질에 감탄하면서도 과거의 참상을 떠올렸다. 일본정부는 국제적인 위상이 커진 것에 걸맞게 행동하지 않았고, 오히려 가면 갈수록 더 자국중심적인 태도를 취했다.

1985년 여름, 나카소네 야스히로中曾根康弘 일본수상이 제2차 세계대전의 전사자를 추모하기 위해 야스쿠니 신사를 참배했다. 1986년 7월, 일본에서 난징대학살의 내용을 삭제한 교과서가 편찬되었다.

1985년 8월 15일, 야스쿠니 신사 참배를 마친 나카소네 수상과 각료들

1987년 1월, 일본정부는 전체 예산에서 국방비를 1퍼센트 이상 지출 하겠다고 발표했다. 1985년 대학생들은 과거 역사를 개의치 않는 행 동에 대해 반일시위를 벌였다. 1987년 6월, 덩샤오핑은 공식적인 자 리에서 일본정부의 국방예산 증액에 항의했다. 하지만 중국공산당 지 도부의 일본에 대한 항의는 한계가 있었다. 경제발전이 시급한 상황 에서 중일관계의 악화를 원하지 않았기 때문이었다. 대일무역과 경제 교류는 중화인민공화국의 경제발전에 있어서 절박했고, 그 절박함은 역사문제를 덮어버리게 만들었다.

중국공산당은 개혁개방 이후 국내외 정책을 설명하기 위해 두 개의 새로운 용어를 만들어냈다. 하나는 사회주의에 시장경제의 요소를 받아들인 것으로 사회주의시장경제, 혹은 중국 특색의 사회주의였다. 다른 하나는 영국과 포르투갈로부터 돌려받게 될 홍콩과 마카오의 통치를 위해 만들어낸 '일국양제一國兩制'였다. 1984년 12월, 중영 양국은 홍콩이 중화인민공화국에 반환된 후에도 50년 동안 기존의 경제·사회 조직을 유지하는 특수한 지위를 보장하기로 했다(중영협정). 하나의 국가, 두 개의 체제를 의미하는 일국양제는 1997년으로 예정된 홍콩반환에 대비하여 만들어졌다.

1989년 6월 4일, 톈안먼사건 이후 미국, 유럽, 일본 등은 중앙인민정부의 무자비한 학살에 경악했고, 경제발전에 필요한 차관의 제공을 중단했다. 소련을 비롯한 사회주의국가들은 대체로 침묵했다. 하지만 표면적인 분노는 경제적 이익 앞에서 힘을 잃었다. 미국 등은 시장경제가 사회주의국가에 순조롭게 안착할 수 있을 것인가에 대해 의구심을 갖게 되었지만, 여전히 중화인민공화국은 매력적인 시장이었다. 덩샤오핑은 공식적인 자리에서 개혁개방이 지속될 것이라고 천명했다. 대외무역은 다소 침체되었지만, 무역이 완전히 봉쇄되거나 붕괴되는 상황으로 나아가지 않았다.

1989년 10월부터 국제사회는 톈안먼사건을 묻어버릴 정도의 격변에 휩싸였다. 중국공산당 지도부에게는 다행스러운 일이었다. 10월 헝가리, 11월 동독, 12월 루마니아와 체코슬로바키아 등의 국가가 차례로 사회주의체제를 포기했다. 1990년 10월에 동·서독이 통일되었고,

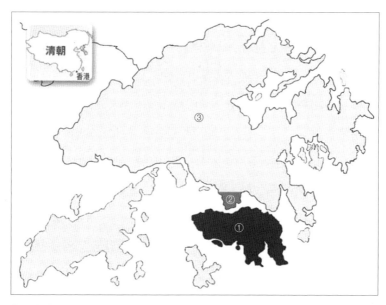

홍콩: ① 홍콩섬 ② 지우룽九龍 ③ 신계新界, ①과 ②는 난징·베이징 조약으로 영국에 할양, ③은 1997년까지 영국에 조차租借

12월 폴란드에서 자유노조의 지도자 레흐 바웬사L. Walesa가 대통령에 당선되었다. 냉전체제의 한 축이었던 동유럽 사회주의국가들의 붕괴는 반세기 가까이 유지되던 세계질서의 변화를 피할 수 없게 했다. 중화인민공화국도 변화의 격랑 속에서 톈안먼사건으로 야기된 국내정치의 불안정을 해소하고 국제사회의 따가운 눈총을 벗어날 방안을 마련해야만 했다.

10여 년 동안 개혁개방 정책을 실시한 뒤에 톈안먼사건이 일어났고, 이는 중화인민공화국의 역사에서 뼈아픈 상처로 남았다. 일부 학자들의 부정적인 전망에도 불구하고 개혁개방의 흐름은 끊기지 않았다. 덩샤오핑을 비롯한 중국공산당 지도부는 자본주의의 '시장'이라는 요소를 들여와서 경제를 발전시키겠다는 확고한 의지를 갖고 있었다. 그 확고한 의지는 부유한 삶을 열망하던 인민들과 확실한 태도를 요구하던 국제사회에도 전달되었다. 그 뒤, 중화인민공화국은 한 세대 동안 세계의 경제, 정치 무대에서 거침없이 질주했다.

남순강화 南巡講話

텐안먼사건 후, 중화인민공화국의 정치는 팽팽한 긴장상태였고 경제는 급속하게 얼어붙었다. 거대한 시장을 보고 투자했던 국가들은 무자비한 만행에 분노하면서도 향후 전개될 상황에 따른 이해득실을 계산하고 있었다. 정부를 향해 여러 주장을 쏟아내던 군중은 텐안먼 광장에서 사라졌고, 중국공산당 내부는 개혁개방의 방식과 속도에 대한 논쟁이 벌어졌다.

보수파는 개혁개방이 가져온 폐해를 지적하며 목소리를 높였다. 그들은 농업을 다시 집단화해야 한다고 주장했고, 중앙정치국에서는 정식 안건으로 논의되었다. 인민공사가 부활할 것이라는 소문만으로 농민들은 자신의 소나 농기구를 팔아버렸다. 결국 반발이 심상치 않다는 상황을 인지한 정치국원들의 반대로 집단화 안건은 부결되었다. 리펑이 이끄는 국무원에서는 경제성장의 목표치를 하향 조정함으로써 개혁의 활력을 감소시켰다.

다행스럽게도, 1990년 9월에 베이징아시안게임이 열리기로 되어

1990년 베이징아시안게임 로고와 마스코트

있었다. 중국공산당 지도부는 실추된 이미지를 만회할 기회를 가질 수 있었다. 타이완은 1974년 테헤란대회부터 중화인민공화국이 등장하면서 아시안게임에 참가하지 못하고 있었는데, 1990년 베이징대회에 '중화타이베이中華臺北'라는 명칭으로 참가하게 되었다. 중화인민공화국 선수단은 183개의 금메달을 휩쓸면서 어느 나라도 넘볼 수 없는 수위를 굳혔다. 중국공산당 지도부는 화교의 대륙 투자를 유도하려는 경제적 측면을 고려하여 타이완 선수단의 아시안게임 참가를 받아들였다.

베이징아시안게임의 성공으로 인민들은 경제적인 측면에서 7·5계획을 원만하게 마무리하고, 더 나아가 제8차 경제개발 5개년계획(8·5계획)도 순조롭게 진행될 것이라는 희망을 갖게 되었다. 8·5계획을 넘어 향후 10년 동안 안정적인 성장을 지속하고, 부강한 21세기를 맞이하게 될 것이라고 여겼던 것이다. 하지만 보수파가 주도하는 정치 지형이 쉽게 바뀌지 않았다.

덩샤오핑은 아시안게임을 성공적으로 마무리한 뒤에 다시금 개혁 개방의 고삐를 바짝 죄려 했다. 1990년 말에는 보이보薄一波 등 원로의 입을 통해서 자신의 의사를 표명했다. 1991년 3월에는《해방일보》에 황푸핑皇甫平이라는 필명을 사용한 평론을 게재하여 개혁개방의 필요성을 역설하고 여론을 형성하려 했다. 하지만 보수파의 반격도 만만치 않을 만큼 거셌다. 그들은 개혁개방이 가져온 빈부격차, 물질주의, 정치적 요구 등의 폐해를 열거하면서 사회주의와 자본주의는 양립할 수 없다고 여겼다. 1991년 8월, 소련에서 고르바초프의 개혁에 반대하는 보수파의 쿠데타가 실패하자, 보수파는 초조해졌고 개혁개방에 더욱 민감하게 반응했다.

톈안먼사건 이후, 덩샤오핑은 목소리를 높이고 있던 보수파의 위세 아래 정치적 영향력을 잃은 듯 보였다. 그는 간접적인 방식으로 자신의 의사를 표명하고 여론을 형성하려 했으나, 보수파의 반격에 무력했다. 덩샤오핑은 간접적인 방식으로 자신의 의견을 보이는 데 한계가 있다고 판단했고, 1992년이 시작되자 마침내 88세의 노구를 이끌고 직접 행동에 나섰다.

1992년 1월 18일부터 2월 21일까지, 덩샤오핑은 한 달이 넘게 우한, 광저우, 선전, 주하이, 상하이 등 개혁개방의 상징적인 도시들을

선전 시내의 '남순강화'를 홍보하는 대형 그림

14전회의 정치국 상무위원들. 장쩌민(가운데), 리펑, 차오스, 리루이환, 주룽지, 류화칭 그리고 후진타오(왼쪽부터)

방문했다. 그는 남부의 도시들을 순회하면서 개혁개방에 대한 발언을 쏟아냈고, 이것을 '남순강화'라고 부른다. 남순강화는 마오쩌둥이 반우파투쟁(1956)과 문화대혁명(1966) 직전에 창강을 헤엄치는 모습을 보여줌으로써 여론을 움직이고 정국의 주도권을 장악했던 것과 같은 정치적 행동이었다.

남순강화의 핵심내용은 11기 3중전회의 결정을 따르고, 13전회에서 제시된 "하나의 중심과 두 개의 기본점을 견지"한다는 것, "생산력, 국력 그리고 생활수준의 향상 등 세 가지 측면에서 유리한 제도와 정책은 사회주의"라는 것이었다. 세 가지 유리론은 먼저 홍콩의 언론매체를 통해 전 세계로 보도되었고, 중화인민공화국에도 알려지게 되었다. 지방 간부들은 덩샤오핑의 강화에 적극적으로 호응하여 개혁개방을 더욱 적극적으로 추진해야 한다고 선언했다. 보수적인 분위기는 일거에 바뀌었다. 3월 9일, 중앙정치국 전체회의가 개최되었고, 정식으로 과감한 개혁개방 정책을 추진하기로 결의했다.

1992년 6월부터 대외개방이 더욱 확대되었다. 연해 지역의 경제특구뿐만 아니라 창강 연안과 국경지역의 도시까지 개방정책을 적용했다. 첨단기술 분야는 지역에 상관없이 우대정책을 실시했다. 외국자본의 투자는 금융이나 무역뿐만 아니라 관광과 같은 서비스 산업까지 허용했다. 1992년의 외국투자 건수는 4만여 건으로 1978~1991년의 투자 건수를 모두 합한 것에 해당할 정도로 급증했다.

1992년 10월 12~18일, 중국공산당 제14기 전국대표대회(14전회)

가 열렸다. 총서기 장쩌민은 개혁개방의 속도를 높이고 사회주의시장경제를 확립해야 한다고 강조했고, "가난은 사회주의가 아니다"라는 말을 남겼다. 그는 시장이 경제를 발전시키기 위해 필요하다고 강조하면서도, 중국공산당이 영도해야 한다는 원칙을 분명히 했다. 또한 국가의 상황에 적합한 사회주의를 만들어야 하고, 서양식 의회제를 요구해서는 안 된다고 했다. 사회주의시장경제는 중국공산당이 주도해야 하는 것이고 민간이 주도하는 것이 아니며, 정치제도의 변화를 요구하는 것은 용납될 수 없다는 말이었다.

사회주의시장경제라는 개념을 공식적으로 사용한 것은 국내의 보수파와 국외의 투자자를 의식한 정치경제적 포석이었다. 보수파들에게는 시장경제가 도입되더라도 중국공산당이 영도하는 사회주의가 중심이라고 호소하고, 투자자들에게는 시장경제를 확립하여 안심하고 투자할 수 있는 국가라는 인식을 심어주려 했다.

14전회에서는 중국공산당 지도부의 대규모 개편이 단행되었다. 중국공산당 중앙위원회의 위원 189명과 후보위원 130명 가운데 47퍼센트가 새로운 인물들이었다. 정치국 후보위원 20명 가운데 9명이 새로운 인물로 채워졌다. 정치국 상무위원에는 장쩌민, 리펑, 차오스, 리루이환李瑞環 등 4명이 유임되었고, 주룽지, 류화칭劉華淸, 후진타오胡錦濤 등 3명이 새로 포함되었다. 장쩌민, 리루이환, 주룽지, 후진타오 등은 개혁개방에 적극적이었고, 차오스와 류화칭은 공안과 군 출신으로 중립적이었다. 따라서 상무위원회는 개혁파가 주도권을 잡았다.

덩샤오핑의 남순강화와 14전회의 결과는 사회주의권의 붕괴에 따른 위기의식이 반영된 측면도 있었다. 소련과 동유럽의 사회주의국가들이 무너지자, 중국공산당은 그 국가들의 붕괴 원인이 경제정책의 실패 때문이라고 진단했다. 중화인민공화국이 그 전철을 밟지 않으려면 무엇보다도 경제를 발전시키고 인민의 생활을 풍족하게 만들어야만 했다. 경제발전과 풍족한 생활을 보장하기 위해서는 개혁개방과 시장경제의 폭을 확대하는 것 이외에 다른 선택의 여지가 없었다.

세계공장

남순강화, 14전회의 결정, 새로운 지도부의 등장은 중화인민공화국의 경제에 큰 활력을 불어넣었다. 덩샤오핑은 개혁개방 정책의 불변을 국내외에 선언했고, 14전회는 사회주의시장경제라는 개념을 명확히 규정했으며, 장쩌민 중국공산당 총서기 겸 국가 주석과 주룽지 국무원 부총리가 각각 정치와 경제를 장악하여 관리하기 시작했다.

1992~99년 중화인민공화국의 경제성장 속도는 눈부셨다. 1992년 설을 전후한 시기에 한 달 가까이 진행된 남순강화의 효과는 곧바로 나타났다. 1992년 한 해 동안 경제는 다시 회복되기 시작했고, 이듬해부터 성장속도도 빨라졌다. 1997년에 외환위기가 동남아시아와 대한민국을 휩쓸었고, 심각한 경제적 타격을 받았다. 중화인민공화국은

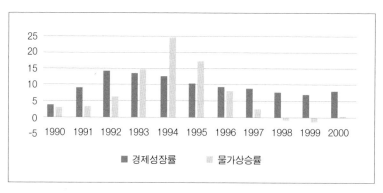

도표1 1990~2000년 경제성장률과 물가상승률. 中國國家統計局 자료를 참조하여 작성

외부 상황에도 불구하고 성장률이 둔화되었을 뿐, 비교적 안정적으로 경제성장을 이뤄냈다.

일반적으로 높은 경제성장은 물가상승을 야기하게 된다. 하지만 중앙인민정부는 물가를 억제하면서도 경제성장을 유지하는 성과를 냈다. 그 성과의 중심에는 주룽지 총리가 있었다. 톈안먼사건으로 자오쯔양이 실각한 후, 장쩌민은 덩샤오핑에게 발탁되어 중국공산당 총서기가 되었고, 상하이 부시장 주룽지는 시장으로 승진했다. 주룽지는 상하이 부시장과 시장으로서 외국투자를 유치하여 지역경제를 발전시켰다. 그 공로로, 1991년 덩샤오핑에 의해 부총리로 발탁되었다. 1993년에는 런민은행人民銀行 총재를 맡았고, 인플레이션을 크게 낮추는 정책을 시행하여 인민들 사이에서 경제개혁의 지도자로 불렸다.

덩샤오핑의 경제개혁은 농촌에서 시행되던 생산방식을 바꾸고, 개

1991년 2월, 상하이 폭스바겐 공장을 방문한 덩샤오핑을 수행하는 주룽지(왼쪽)

인 사업을 육성하고, 외국자본의 투자를 유도하는 것으로, 사회주의 체제에 대해 손을 본 개혁이 아니었다. 주룽지는 사회주의체제 자체에 개혁의 칼을 들이댔다. 국유기업, 금융, 소유제, 사회보장 등의 제도들을 중앙인민정부가 재정을 통제함으로써 인민들에게 평등한 혜택을 줄 수 있는 시스템으로 구성했다. 그 제도들의 개혁은 사회주의체제와 사회의 근본적인 변화를 피할 수 없게 만들고, 인민들에게 직접적인 영향을 미치는 일이었다.

제도개혁은 강한 반발을 이겨내고 빈틈없이 추진되어야만 했다. 1997년 말, 주룽지가 국유기업, 금융 그리고 행정개혁을 3년 안에 이뤄내고, 인원을 반으로 줄이겠다는 야심찬 계획을 발표했다. 그 바탕에는 1993~95년 치솟던 물가를 경제성장률 아래로 통제했던 자신감이 깔려 있었다. 1997년 9월, 중국공산당 제15기 전국대표대회 (15전회)에서 원로들이 물러났고, 주룽지는 장쩌민과 리펑에 이어 서열 3위로 뛰어올랐다. 1998년 3월, 주룽지는 전국인민대표대회에서 총리에 선출되었고, 자신의 말을 실행에 옮기는 일에 착수했다.

국유기업은 과거 사회주의계획경제에서 성장의 주축이었다. 시간이 지나면서, 국유기업은 방만한 경영과 허술한 재정 관리로 부채가 늘어났고, 전체의 1/3이 적자 상태였다. 국유기업의 개혁은 대규모 실업과 노동자들의 반발을 야기할 수밖에 없는 민감한 문제였다. 따라서 문제점을 알면서도 쉽게 개혁에 착수하기 어려웠다. 하지만 중앙인민정부와 정부를 이끌던 주룽지 총리의 의지는 강력했다.

1999년 3월에는 헌법 개정을 통해 사영기업의 법적 지위를 보장하는 소유제 변화가 명시되었고, 9월에는 중국공산당 제15기 4중전회에서 국유기업의 강도 높은 개혁안이 결정되었다. 적자의 국유기업들은 개인에게 매각되거나, 개인 투자자에게 경영을 맡긴 뒤에 수익을 국가와 나누는 방식으로 개혁되었다. 그 과정에서 희생은 피할 수 없었다. 1998~2000년 3년 동안 추진된 개혁으로 국유기업에서 약 5000만 명이 일자리를 잃거나 재배치되었다.

금융개혁은 국유기업의 개혁과 밀접하게 관련되어 있었다. 중화인민공화국의 은행은 국가가 소유한 국유은행이 절대 다수였고, 개인은행이라는 경쟁자가 없이 정부의 지원을 받으면서 독점적인 방식으로 운영되었다. 주룽지는 은행의 자율권을 확대하는 대신에 경쟁을

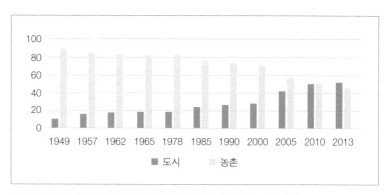

도표2 도시와 농촌의 인구 비율 변화. 中國國家統計局 자료를 참조하여 작성

유도하고 외국인에게 금융 산업의 개방 폭을 더욱 확대했다.

제도개혁은 반부패 투쟁과 함께 진행되었다. 주룽지는 100개의 관棺을 준비하는데 그 가운데 하나는 자신의 것이라며 강력한 결기를 보였다. 부패 혐의의 관리들은 모두 수감되었다. 주룽지는 개혁과 부패 척결을 통해 철혈 재상이라는 이미지를 얻었다.

개혁의 폭이 클수록, 개혁의 그늘 아래 놓인 인민들도 많아졌다. 강력한 구조조정 과정에서 직장을 잃은 인민들이 늘어났다. 《중국통계연감中國統計年鑑》에 따르면, 1997~2000년 공식적인 실직자 수는 600만 명이 넘지 않았다. 하지만 1억 5000만 명에 이르는 농촌의 과잉노동력은 통계에 잡히지 않는 실업자였다. 농촌지역의 향진기업이 흡수할 수 있는 노동력에는 한계가 있었다. 일부 농민들은 가족의 생계를 위해 일자리를 찾아서 도시로 흘러들었고, 농민공農民工으로 불렸다.

농촌개혁에 이은 제도개혁은 이익과 효율을 추구했다. 그 과정에서 과거에는 감춰졌던 과잉노동력이 수면 위로 떠올랐다. 개혁개방 이후 농민공을 비롯한 빈곤층은 열악한 상황에 놓여 있었고, 생존 자체가 위협을 받을 때 사회와 정부에 불만을 표출할 수 있는 폭발력을 가진 집단이었다. 그들의 불만을 잠재우는 방법은 일정한 수입을 보장할 수 있는 일자리를 지속적으로 공급하는 것이었다. 중앙인민정부는 경제성장을 통해 해결해야만 했다.

중화인민공화국은 개혁개방 초기에 외국자본의 투자를 받아들이고 소비재 산업을 발전시키는 전략을 통해 경제를 성장시켰다. 1990년대 중반 이후 짧은 시간에 축적된 생산시설, 기술 그리고 값싼 노동력을 바탕으로 세계시장을 공략하기 시작했다. 중화인민공화국은 차츰 세계 곳곳에 물건을 공급하는 공장으로 바뀌게 되었다. 1998년을 기점으로 세계 수출시장에서 차지하는 비중이 3.3퍼센트를 기록하면서 상승률이 높아졌고, 2004년에는 6.4퍼센트로 일본을 추월했다. 노동자와 농촌의 희생을 바탕으로 생산된 값싼 상품들은 외국인의 생활 곳곳으로 파고들었다.

세계의 공장으로서 입지가 탄탄해지면서, 세계인들은 차츰 중화인민공화국이 사회주의국가로서 지녔던 위상이나 이미지를 떠올리지 않게 되었다. 다시 죽의 장막 속으로 들어갈 것이라고 생각하는 사람들도 없었다. 오히려 자본주의 질서에 너무 잘 적응하는 것을 보면서 사회주의국가였던 것에 의구심을 품을 정도였다. 그렇게 중국공산당

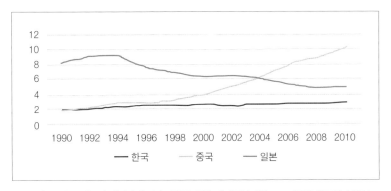

도표3 한국, 중국, 일본의 세계 수출시장 점유율 변화. 세계무역기구WTO 자료를 참조하여 작성

이 영도하는 중화인민공화국은 사회주의계획경제 체제로부터 탈피하여 사회주의시장경제 체제로 전환에 성공했고 21세기를 맞이했다.

세대교체

2001년은 중국공산당 창당 80주년이 되는 해였다. 7월 1일, 장쩌민 주석은 창당 80주년을 기념하는 강연에서 자신의 '3개 대표론三個代表論'을 역설했다. 3개 대표론은 장쩌민 주석이 2000년 2월에 내놓은 것으로, 중국공산당이 생산력 발전, 문화의 전진, 인민의 이익 등세 가지를 대표해야 한다는 것이다. 과거 반동으로 낙인을 찍었던 기업인(자본가)도 "광범위한 인민의 근본 이익"이라는 표현을 통해 인민에 포함되었다. 중국공산당은 기업인의 입당을 허용했고, 계급정당에서 국민정당으로 변모했다.

20세기 말에 30여 년 동안 추진된 개혁개방 정책은 중화인민공화국 인민들의 가치관을 바꾸었고, 중국공산당은 그 가치관을 바꾸게 만들었다. 많은 인민들은 이제 평등하게 공존하면서, 세계의 사회주의를 이끄는 국가로서 자부심에 가슴이 뛰지 않게 되었다. 인민들의 가슴을 뛰게 하고 두근거리게 만든 것은 풍요롭고 안락한 미래에 대한 동경이었다. 장쩌민은 중국공산당이 바꾼 인민들의 가치관을 공식화했고, 그것을 자신의 정치적 자산으로 만든 것이었다.

2002년 11월 8~14일, 중국공산당 제16기 전국대표대회가 열렸다. 장쩌민 주석은 자신의 3개 대표론을 마르크스·레닌주의, 마오쩌둥사상, 덩샤오핑이론 등과 같은 반열에 올리고, 중국공산당 당헌에 넣은 뒤 물러났다. 장쩌민의 뒤를 이어 후진타오가 중국공산당 총서기에 올랐고, 이듬해 전국인민대표대회에서 국가 주석으로 선출되었다. 후진타오 신임 주석은 중화민국 시기에 태어나서 중화인민공화국 수립 이후에 교육을 받으면서 성장한 세대였다. 장쩌민 주석의 퇴임으로 혁명세대가 물러나고, 건국 이후의 세대가 중화인민공화국을 이끌게 되었다.

2003년 봄, 중화인민공화국 사회를 공포에 떨게 만든 중증급성호흡기증후군(사스SARS)가 크게 확산되었다. 사스는 2002년 11월에 광둥성에서 발생한 것으로 파악되었고, 홍콩, 싱가포르, 베트남, 캐나다

2004년 9월 19일,
16기 4중전회의
장쩌민과 후진타오

등 전 세계로 퍼져나갔다. 신임 후진타오 주석과 원자바오溫家寶 총리에게는 위기였지만, 동시에 인민들에게 중국공산당과 정부의 역량을 보여줄 기회이기도 했다. 후진타오 주석은 늑장대처에 책임을 물어 자신의 측근으로 분류되던 위생부장관과 베이징 시장을 해임했다. 원자바오 총리는 후진타오 주석과 함께 도시의 거민위원회, 농촌의 촌민위원회 주민 조직을 활용하여 사스와의 전쟁을 수행했다. 6월이 되자, 다행히 사스의 감염은 진정 국면에 들어섰다.

2004년 후진타오는 장쩌민의 정치적 그늘로부터 벗어나기 위해 3개 대표론을 대신하여 '과학적 발전관'을 제시했다. 과학적 발전관에는 경제의 지역격차를 해소하여 조화로운 사회和諧社會를 건설하겠다는 목표가 포함되었다. 중앙인민정부는 농촌을 비롯한 낙후한 지역을 개발하여 부의 불균형을 해소하기 위해 농업세를 폐지(2006)하고, 서부 대개발과 동북지역 진흥 정책을 내놓았다. 하지만 도시와 농촌의 소득격차는 쉽게 좁혀지지 않았다. 중국국가통계국의 자료에 따르면, 2003년 도시와 농촌의 평균 소득은 각각 8472위안과 2622위안이었는데, 2010년이 되면 1만 9109위안과 5919위안이었다.

지방정부는 지역의 경제발전을 위해 중앙인민정부의 통제를 벗어나려고 시도했다. 2005년부터 원자바오 총리는 경기가 과열되는 것을 막기 위해 철강, 시멘트, 알루미늄, 부동산 등의 분야에서 통제를 강화했다. 하지만 지방정부는 겉으로 따르는 모양만 취했고, 지역경제의 발전을 앞세워서 중앙의 통제에 전혀 개의치 않는 태도를 보였다. 결국 후진타오 주석이 칼을 빼들었다.

2006년 9월, 상하이 당서기 겸 시장 천량위陳良宇가 비리 혐의로 해임되었고, 18년형을 선고받았다. 장쩌민의 후원을 받던 천량위는 상하이파의 핵심 인물이었고, 후진타오 주석이 추진하고 있던 중앙의 정책에 반대의 목소리를 내왔다. 후진타오 주석은 정책의 권위를 세우기 위해 장쩌민 전 주석의 상하이방上海幇으로 분류되던 천량위를 제거한 것이다.

2007년 10월 15~21일, 중국공산당 제17기 전국대표대회(17전회)가 열렸다. 후진타오 주석은 자신의 과학적 발전관을 당헌에 삽입함으로써 통치 기반을 마련했다. 과학적 발전관과 조화로운 사회는 성장 위주의 경제발전 때문에 소외된 지역과 인민들을 배려하면서 균형이 잡힌 성장을 이뤄내겠다는 목표를 제시한 것이었다. 하지만, 17전회를 통해 장쩌민 전 주석의 상하이방이 여전히 건재한 것으로 드러났다. 중앙정치국 상무위원 9명 가운데 신임은 4명이었는데, 허궈창賀國强과 저우융캉周永康은 상하이방이었고, 시진핑習近平은 혁명원로의 자제였고, 리커창李克强만이 후진타오 주석의 측근이었다.

2000년대를 거치면서 중화인민공화국의 정치에는 과거와 다른 경쟁 구도가 형성되었다. 건국 이후 마오쩌둥 시대에는 혁명과 반혁명, 덩샤오핑 시대에는 계획경제와 시장경제의 경쟁 구도였다. 하지만 장쩌민 주석 이후에는 정치에서 절대적인 권위는 약화되었다. 그 대신에 상하이를 배경으로 형성된 장쩌민의 상하이방, 공산주의청년단 출신으로 구성된 후진타오의 공청당共靑黨, 혁명원로의 자녀들이 구축한 태자당太子黨이 3대 파벌을 이뤘다. 이제 중화인민공화국의 정치는 혁명이나 경제 이념보다 세력관계가 더 힘을 발휘하는 시대로 변했다.

이념이 사라진 사회에서 분배와 평등은 공허한 외침처럼 변했다. 후진타오 주석이 내세운 빈부격차가 해소된 조화로운 사회는 점점 더 멀어졌다. 중국국가통계국에 따르면, 2003~12년의 사회 불평등 수치를 보여주는 지니계수는 평균 0.482였고, 눈에 띄게 개선되지 않았다. 이것은 미국의 0.45보다 높은 수치였다. 지속적인 경제성장에도 불구하고, 인민들 사이에서는 중화인민공화국이 평등하지 않은 사회라는 인식이 더 커졌다. 중국공산당과 정치 지도자들은 경제발전뿐만 아니라 과거 선진 자본주의국가의 문제로 치부되었던 사회적 불평등

중국공산당 제18기 전국대표대회(2012.11.)의 신구新舊 지도자, 시진핑과 후진타오

을 제대로 처리해야 하는 과제를 안게 되었다.

　2000년대에 들어서서 대외교류가 늘어났고, 인민들은 급속도로 보급된 인터넷을 통해 많은 국내외 정보를 생산하고 소비하기 시작했다. 중국공산당은 여전히 넓은 국가를 통치하기 위해 민주적 통제보다는 상명하복 형태의 관리가 필요하다고 여긴다. 하지만 상명하복 형식의 관리는 정보에 대한 통제를 바탕으로 한다. 정보가 인민들 사이에서 자유롭게 유통될 수 있는 환경에서 중국공산당은 더 높은 정치력을 요구받게 되었다.

　정치뿐만 아니라 일반 인민들 사이의 세대교체도 중국공산당에게는 새롭게 고민해야 할 과제가 되었다. 이른바 1980년대 이후 태어난 세대는 대학을 거쳐 사회에 진출하기 시작했다. 바링허우八零後로 불리는 80년대생들은 '한 자녀 정책計劃生育'아래 태어나서 부모, 조부모, 외조부모의 보살핌 아래 소황제小皇帝처럼 성장했다.

한 자녀 정책 홍보 포스터

80년대생들은 과거와 달리 물질적으로 풍요로웠고, 부모 세대들과 달리 자신들의 의사를 표현하는 데 거침이 없었다. 그들은 맥도날드, 팝송, 할리우드 영화에 거부감이 없었고, 성인이 된 후에는 인터넷을 통한 소통에도 익숙해졌다. 기성세대와 다른 환경에서 성장하여 다른 사고방식을 가지고 행동하는 세대들이 점차 중국 사회의 주류가 되고 있다.

개혁개방 정책은 우여곡절을 거쳤고, 경제발전을 목표로 삼아 앞만 보고 전진하면서 한 세대가 지났다. 한 세대 동안 이뤄낸 경제성장은 물질적 풍요를 가져왔고, 인민들에게 돈을 벌 수 있는 기회를 제공했다. 그 풍요와 기회의 이면에 사회적 불평등, 지역격차, 부정부패, 개인주의 등의 문제들이 나타났다. 이제 그러한 문제들도 고민하면서 경제성장을 추진해야 할 때가 되었다.

화평굴기和平崛起

덩샤오핑은 국제사회에서 중화인민공화국의 경제와 외교적 지위
를 냉정하게 바라보았다. 경제적으로 뒤떨어진 빈곤한 상황에서 사회
주의국가들을 이끈다는 자부심만으로 인민들을 배부르게 할 수 없다
고 여겼다. 경제발전을 위해서는 대외관계에서 주도적인 목소리를 내
지 않았고, 때를 기다리며 실력을 키우는 '도광양회韜光養晦'의 전략을
내세웠다. 장쩌민은 기본적으로 덩샤오핑의 전략을 이어받았다. 미국
중심의 세계질서를 수용하면서 실력을 키우는 데 집중했고, 성과를
내는 데 최선을 다한다는 '유소작위有所作爲'의 정책을 실시했다.

1997년 2월, 실용주의자 덩샤오핑의 심장 박동이 멈추었지만, 장
쩌민은 외교노선을 크게 바꾸지 않았다. 그해 말, 아시아의 국가들이
금융위기로 경제적 어려움을 겪게 되었다. 중화인민공화국은 아시아
국가들의 금융위기 속에서도 경제적 성장을 이어갔다. 2001년 7월에
는 베이징올림픽의 개최가 확정되었다. 2001년 11월, 16전회가 열리
는 기간에 중화인민공화국의 세계무역기구 가입이 공식적으로 발표
되었다.

2002년 후진타오 주석을 비롯한 중앙정치국 상무위원들은 대외적
으로 유리한 환경에서 국정을 시작했고, 큰 자신감과 자부심을 가질
수 있었다. 세계무역기구 가입 이후 후진타오 주석 재임 10여 년 동안,
경제적 성과를 바탕으로 외교에서도 변화의 움직임이 나타났다. 세계

1997년 금융위기를 겪은 아시아 국가들

은행의 자료에 따르면, 2002~12년 중화인민공화국의 1인당 GDP는 1135달러에서 5432달러로, 국민총생산은 전 세계의 4.4퍼센트에서 10퍼센트 전후로 증가했다.

경제적 성공을 바탕으로 후진타오 주석은 외교에서 평화로운 도약을 의미하는 '화평굴기' 정책을 내세웠다. 화평굴기는 국제사회에서 날로 영향력을 키우고 있던 중화인민공화국이 대국大國으로 굴기하려 한다는 것에 의구심을 품는 국가들의 반감을 무마하기 위해 '대국굴기' 대신에 만들어낸 표현이었다. 그리고 국제사회에서 중국이 자국의 이익만을 추구하거나 군사적 팽창을 시도하는 국가가 아님을 보여주려 했다.

1990년대 후반을 거치면서 아시아에서 중화인민공화국의 위상이 높아졌다. 1997년 아시아의 금융위기 때 위안화를 평가절하하지 않았고, 그것은 지역의 경제를 안정시키는 데 도움을 주었기 때문이다. 금융위기를 계기로 아시아 국가들 사이에서 중화인민공화국을 바라보는 시선이 바뀌었고, 인민들도 자국의 높아진 위상에 자부심을 갖게 되었다. 중국공산당과 중앙인민정부는 아시아에서 높아진 위상에도 불구하고 여전히 자세를 낮췄다. 경제력과 군사력에서 크게 앞선 미국이라는 초강대국에 의해 세계질서가 좌우된다는 사실을 분명하게 알고 있었기 때문이다.

후진타오 주석은 재임하는 동안 아시아 국가들 사이에서 영향력을 높이고, 미국과는 협력관계를 유지하는 외교정책을 내세웠다. 아시아 국가들과 원만한 관계를 형성하기 위해 소련, 인도와의 국경분쟁을 매듭짓기 위해 노력했다. 2004년 10월, 중소 양국은 국경선 협상을 마무리했고 4300킬로미터에 달하는 국경선을 확정했다. 중소관계의 개선은 미국이 주도하는 세계질서 아래에서 발언권을 높이려는 중소 양국의 이해관계가 맞아떨어졌기 때문에 가능했다. 하지만 인도와의 관계는 현상을 유지하는 것에 만족할 수밖에 없었다.

중화인민공화국은 일부 아시아 국가들과의 우호적인 관계를 형성하는 데 어려움을 겪었다. 동남아시아 국가들이 조직한 지역협력기구 아세안ASEAN에 좀 더 적극적으로 참가했고, 2003년에는 아세안에 속하지 않는 국가로서 처음으로 아세안우호협력조약에 가입했다. 하지만 동중국해나 남중국해의 영유권 문제가 불거졌고, 해당 국가들은 중화인민공화국의 팽창정책에 대한 의심을 거두지 않았다.

남중국해는 중화인민공화국에게 에너지 안보라는 측면에서 중요한 의미를 갖는다. 매년 수입하는 석유의 80퍼센트가 말라카해협, 남중국해, 동중국해를 거쳐 주요 도시로 들어간다. 따라서 말라카해협에서 시작되는 해상수송로는 중화인민공화국 경제의 숨통이다. 말라카해협은 미국에서 파병한 해군이 장악하고 있다. 후진타오 주석은 외국으로부터 원유를 수입할 때 미국이 제공하는 해로에 안전을 맡기는 현실을 '말라카의 딜레마'라고 표현하기도 했다.* 중화인민공화국은 남중국해 전체의 90퍼센트에 달하는 곳에 대한 영유권을 주장한다. 베트남, 필리핀, 타이완 그리고 미국 등은 중화인민공화국의 영유권에 동의하지 않는다. 따라서 남중국해를 둘러싼 분쟁은 언제든지 심화될 수 있다.

2010년 중화인민공화국은 국민총생산에서 일본을 따라잡았고, 미국에 이어 세계 2위가 되었다. 이때부터 두 나라를 G2로 부르는 빈도

---

* 2017년부터 중화인민공화국은 벵골만을 지나 미얀마를 거쳐 쿤밍까지 건설된 송유관을 통해서도 아프리카와 중동으로부터 수입한 석유를 운송하기 시작했다.

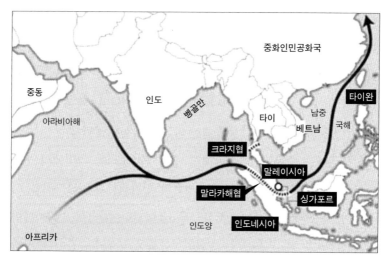

아프리카와 중동에서 수입되는 석유수송로

가 높아졌다. G2는 미국, 일본, 영국, 프랑스, 독일, 이탈리아, 캐나다 등으로 구성된 G7처럼 선진국들의 정기 협의체를 의미하지는 않는 다. 하지만 세계경제의 판도가 크게 바뀌었고, 중화인민공화국의 영 향력이 그만큼 커졌다는 사실을 인정하면서 등장한 용어이다.

일본은 중화인민공화국이 개혁개방 초기부터 1990년대까지 경제 를 발전시키는 데 큰 도움을 주었고, 늘 우월감을 가지고 있었다. 중 화인민공화국의 경제적 성장은 국제사회에서 일본의 위상을 상대적 으로 약화시켰다. 양국 사이의 해묵은 역사문제가 갈등으로 비화할 수 있었다. 하지만 2003~11년까지 일본에서 민주당이 자민당과의 경쟁에서 선전했고, 대외관계에서 주변국을 자극하는 외교행위를 자제했다. 중국공산당과 중앙인민정부도 화평굴기의 외교정책을 견지했다. 따라서 중일 양국은 비교적 우호적인 관계를 유지할 수 있었다.

국제사회에서 중화인민공화국의 위상이 높아질수록 한중관계가 외교정책에서 차지하는 비중은 상대적으로 낮아지고 있다. 하지만 여전히 한반도는 중화인민공화국에게 지정학적으로 중요한 곳이다. 1992년 수교 이전까지 한반도와 중화인민공화국 사이의 관계는 곧 북중관계를 의미했다. 수교 이후 20년 동안 한중관계는 비약적으로 발전했다.

중화인민공화국은 북중관계를 주로 외교적인 측면에서, 한중관계를 주로 경제적인 측면에서 중시했다. 1990년대와 2000년대 북중관계에서 가장 중요한 현안은 북핵문제였다. 북한이 국제원자력기구 NPT를 탈퇴하면서 제1차 북핵위기(1993)가 발생했고, 고농축 우라늄으로 핵탄두를 개발한다는 사실을 시인하면서 제2차 북핵위기(2002)가 발생했다. 북한은 미국으로부터 북미수교, 북·미평화협정, 경제지원 등을 얻어내려 했다. 중화인민공화국은 자국의 정치경제적 안정을 위해 회담을 주선하고 북한에 대한 미국의 무력 사용을 막는 데 외교적 노력을 기울였다. 하지만 북핵문제는 북미 양국의 불신 때문에 해결되지 않고 있다.

한중관계는 경제적인 교류와 협력을 중심으로 진행되었다. 1997년 금융위기 이전까지 한국의 경제성장은 개혁개방 정책에서 중요한 본보기로 여겨졌다. 하지만 그 뒤에 시간이 지나면서 중화인민공화국

북핵 6자회담의 일·미·북·중·러·한 6국 대표들, 베이징 댜오위타이(2003.8.17.)

이 세계경제에서 차지하는 위상이 달라졌고, 한국이 전체 교역에서 차지하는 비중도 낮아졌다. 반면에 한국의 대중무역 의존도는 갈수록 늘었다. 한국무역협회의 자료에 따르면, 1992년 63억 달러였던 교역량은 2012년 2151억 달러로 29배나 증가했다. 무역수지는 1992년 10억 달러 적자에서 2012년 841억 달러 흑자를 기록했다. 한국의 대중국 수출은 전체 수출의 30퍼센트를 차지할 정도로 규모가 커졌다.

10장

책임 있는 국가

1921년 7월, 13인의 전국 대표들이 상하이에 모여 중국공산당을 창당했다. 창당 이후, 정당 자체의 생존을 걱정하면서 국가와 민족의 미래라는 원대한 대의를 위해 매진했다. 혁명세대는 피비린내 나는 희생과 불굴의 열정으로 국내외의 정세를 적절하게 활용했다.

1949년 10월 1일, 마오쩌둥이 중화인민공화국 중앙인민정부 수립을 선포한 이래, 중국공산당은 국가와 정부를 이끌었고, 당·국가체제의 중심이었다. 건국 초기에는 중국인민정치협상회의라는 틀을 통해 중국공산당을 중심으로 다양한 세력이 연합하여 정부를 구성했다. 1954년 9월, 헌법은 중화인민공화국이 "노동자와 농민의 연맹에 기초한 인민민주국가"라고 규정했고, 중국공산당이 국가와 정부를 이끄는 당·국가체제를 명문화한 것으로 해석되었다.

당·국가체제는 정치 지도자의 성향과 시대 상황에 따라 다른 모습을 보이며 유지되었다. 마오쩌둥과 덩샤오핑이라는 혁명세대 지도자들은 당·국가체제보다는 개인적인 지도력과 카리스마를 바탕으로 국가와 정부에서 주도권을 휘둘렀다. 마오쩌둥은 중국공산당 중앙위원회와 국가의 주석이라는 직위를 통해 최고의 권력을 행사했다. 덩샤오핑은 문혁 시대가 끝난 뒤에 중화인민공화국 중앙군사위원회 주석이라는 직위로 최고의 권력자가 되었다.

톈안먼사건 이후 장쩌민은 덩샤오핑의 후원 아래 권력의 중심에 다가갔다. 하지만 장쩌민은 중국공산당 총서기와 국가 주석이 된 뒤에도 덩샤오핑이 세상을 떠날 때까지 2인자일 수밖에 없었다. 덩샤오핑의 그늘에 있던 장쩌민은 혁명 이후 세대 후진타오에게 총서기와 국가 주석의 자리를 물려주었고, 권력에서 차츰 멀어졌다.

중화인민공화국이 지난 두 세대 동안 걸어온 역사는 중국공산당의 분투, 승리, 좌절 그리고 재기 등이 이어진 과정으로 보인다. 중국공산당은 정부를 수립하여 경제기반을 구축했고, 대약진운동과 문화대혁명이 실패하여 대참사가 벌어지자 그것을 수습했으며, 개혁개방을 주도하여 중화인민공화국을 G2국가의 반열에 올려놓았다. 중국공산당의 통치에 대해 긍정 혹은 부정의 평가가 엇갈릴 수는 있더라도, 중화인민공화국의 정치에서 중국공산당의 절대적인 역할을 부정할 수는 없다.

사실, 1980년대 국제사회는 중화인민공화국과 중국공산당을 의심스런 눈을 뜨고 지켜보았다. 1990년대에 들어서서 남순강화(1992) 이후 개혁개방에 대한 의구심은 줄어들었다. 그 대신에 중화인민공화국이 소련처럼 분열하거나 동유럽 사회주의국가처럼 침체의 길을 걷게 될 것이라는 전망을 쏟아냈다. 그것은 전망이 아니라 일종의 희망사항이나 악담에 가까운 것이었다. 중화인민공화국이 세계의 공장으로서 각국의 시장을 잠식하게 되자, 세계 곳곳에서 활동하던 중국인들에 대한 혐오도 늘어났다.

약자에 대한 혐오는 혐오 그 자체이지만, 강자에 대한 혐오는 자신의 열패감이나 부족함을 인정하지 않고 상대방보다 우월하다고 스스로 최면을 거는 '아큐阿Q'의 정신 승리법일 때도 있다. 국제사회에서 중화인민공화국과 중국인에 대한 악담, 비난, 혐오 등은 여전히 단골 이야깃거리이다. 그리고 21세기가 된 뒤에는 두려움이 하나 더 추가되었다.

중국인들도 이제 더 이상 죽의 장막 뒤에서 세계로부터 자신을 스스로 격리하던 사람들이 아니게 된 것이다. 국가의 영향력이 커짐에 따라 다른 나라에서 당당하게 목소리를 높이고, 국제무대에서도 경제력에 걸맞은 역할을 해야 한다고 여긴다. 한편, 세계인들은 중국이라는 세계의 공장에서 생산된 물품에 의존하여 생활한다. 중화인민공화국이 분열될 것이라는 전망은 전망이 아니라 반감을 품은 나라와 그 국민들이 쏟아내는 희망사항일 뿐인 것으로 보인다.

지금 우리에게 필요한 것은 지난 두 세대 동안 중국공산당의 중화인민공화국이 걸어온 중국 현대사의 자취를 바탕으로 성취를 평가하고 좀 더 냉정하게 미래에 대한 바람을 이야기하는 것이다. 중국공산당이 이끌어온 중화인민공화국의 성취는 경제, 정치, 외교 세 분야로 나누어서 살펴볼 수 있다.

먼저, 경제 분야이다. 중국공산당은 경제적으로 청나라와 중화민국으로부터 자산과 부담을 모두 물려받았다. 제2차 세계대전이 끝난 뒤에 중화민국은 승전국의 일원으로서 동북 3성, 내몽골, 신장, 타이완 등을 영토로 확보했다. 중국공산당은 타이완 대신에 티베트를 중화인민공화국의 통치 아래 두게 되었다. 넓은 영토와 그 속에 살고 있던 인민들은 신생 중화인민공화국에게 가장 큰 경제적 자산이었다. 반면, 세계 인구의 20퍼센트에 달하는 5억 4000만 명을 굶주림과 빈곤으로부터 벗어나게 해야 하는 부담을 안고 있었다.

중국국민당은 전후의 극심한 인플레이션을 해결하지 못하고 경제 문제로 돌아서는 민심 속에서 허우적거렸다. 중국공산당은 국민당에 경제적 무능과 부패라는 낙인을 찍었고, 전체 인민의 90퍼센트가 넘게 살고 있는 농촌의 농민들 속으로 들어가서 그들의 마음을 얻었다. 그리고 도시와 교통로를 장악한 국민당을 포위해 승리를 얻어냈다. 중국공산당의 중앙인민정부는 국민당의 실패를 교훈 삼아서 농업생산을 회복했다. 대약진운동 이전까지 중앙인민정부의 경제정책은 성공적이었다.

대약진운동은 중국공산당의 지나친 자신감과 오판으로, 문화대혁명은 마오쩌둥의 권력의지와 그릇된 정세 판단으로 야기되었다. 두 사건은 경제에 파괴적인 상처를 남겼다. 그 상처를 치유할 수 있는 정치집단은 여전히 중국공산당뿐이었고, 덩샤오핑이 그 중심에 있었다. 흑묘백묘론과 사회주의시장경제로 대표되는 덩샤오핑의 실용주의는 톈안먼사건으로 잠시 중단되었지만, 중화인민공화국의 경제 규모와 수준을 짧은 시간 동안 크게 성장하게 만들었다. 과거 세계경제의 주변에 있던 중화인민공화국은 이제 주도적인 지위에 올라섰다.

다음으로, 정치 부분이다. 중화민국에서 청나라 신사층紳士層의 뒤를 이어 군벌이 정치세력으로 성장했다. 군벌은 청나라 말기의 혼란 속에서 사적인 무력이 가장 유효한 정치수단이 되면서 세력을 키웠다. 위안스카이는 리훙장李鴻章의 후원 아래 성장하여 군사세력을 형성했고, 그 군사세력이 각 지역에 기반을 둔 군벌로 성장했다. 중국국민당은 쑨원을 거쳐 장제스에 이르러 군벌과 결별했고, 군인 출신을 중심으로 이당치국以黨治國을 내세워 통치했다.

중국국민당은 소수의 정치집단을 중심으로 통치되는 국가를 구상했다. 반면, 중국공산당은 마르크스·레닌의 사회주의를 중국의 현실에 맞게 변형했고, 노동자와 함께 농민을 혁명의 주도세력에 포함했다. 중일전쟁과 국공내전을 거치는 동안, 중국공산당은 농민들의 마음을 얻을 수 있었다. 중화인민공화국 수립 후, 중국공산당은 농민들에게 사회주의혁명의 중심이라는 높은 사회적 위상을 부여했다.

개혁개방이 시작되면서 혁명의 시대가 저물고, 경제를 중시하는 시대가 되었다. 과거 사회주의국가 농업과 공업의 핵심으로 선전되었던 농민과 노동자들은 이제 사기업에 값싼 원자재와 노동력을 공급하는 존재가 되었다. 농민과 노동자의 희생은 여전히 중화인민공화국의 국내경제와 대외무역을 떠받치는 중요한 요소이다. 다만 사회주의국가에서 그들의 정치적 위상을 배려하면서도 경제성장을 지속하려면 지혜가 필요할 수밖에 없다.

끝으로, 외교 분야이다. 중국의 역사에서 청영아편전쟁부터 중화인민공화국의 수립 이전까지 100여 년은 외교적으로 암울한 시기였다. 대청제국의 위신은 영국의 대포 아래 바닥으로 떨어졌고, 홍콩을 할양했다. 황제의 별장, 위안밍위안圓明園은 영·프연합군의 공격으로 잿더미가 되고, 홍콩에 지우룽九龍반도를 추가로 할양했다. 청일전쟁으로 타이완을 일본에 할양했고, 의화단사건으로 거액의 배상금을 물게 되었다. 중화민국 시대가 되면 군벌들은 국가와 민족보다 자신의 사적 이익을 위해 열강과 야합했고, 전국은 사분오열되었다.

국민당이 난징을 수도로 통치를 시작한 뒤에 한때 불평등조약이 파기되고 제1차 세계대전에서 승전국의 일원이 되는 등 국제적 위상이 높아지는 듯했다. 하지만 일본의 동북지역 침략과 만주국 수립에 제대로 저항하지 못했다. 더 나아가 중일전쟁이 발발한 뒤에도 제대로 전투를 수행하기 어려웠다. 우여곡절 끝에 일본군이 무너진 뒤에는 연합국의 일원으로서 대우받지 못했다.

홍군이 내전에서 승리한 뒤, 중화인민공화국은 적어도 사회주의국가들 사이에서 국가의 위상을 높일 수 있었다. 당시 세계 최강대국 미국이 지원하는 국민정부군을 상대로 승리를 거뒀기 때문이다. 중국공산당이 외부세계의 도움 없이 이뤄낸 승리이기 때문에 더욱 값진 것으로 평가할 만했다. 한국전쟁으로 형성된 냉전체제 속에서 중화인민공화국은 개혁개방 이전까지 사회주의 진영의 주요한 국가로서 위상을 갖고 있었다.

개혁개방 이후 중화인민공화국은 경제적 이익을 위해 외교적인 목소리를 내는 데 신중했다. 과거 적대적이었던 미국과의 우호적인 관계는 안정적인 대외무역의 환경을 조성하는 데 필수적인 조건이었다. 덩샤오핑의 도광양회, 장쩌민의 유소작위, 후진타오의 화평굴기 정책들은 모두 중화인민공화국이 경제적·군사적으로 압도적인 힘을 키울 때까지 외교에서 신중한 입장을 견지하겠다는 표현이었다.

지난 두 세대 동안 중국공산당은 중화인민공화국의 경제, 정치, 외교의 분야에서 긍정적인 역할과 부정적인 역할을 해왔다. 청나라 말기나 중화민국의 상황과 비교했을 때, 인민들은 중국공산당의 역할과 중화인민공화국의 위상에 대해 나름의 평가들이 있을 것이다. 후진타오에서 시진핑으로 지도자가 교체되던 2012~13년의 시점에서 평가한다면, 대약진운동과 문화대혁명이라는 어두운 시대가 있었음에도, 중국공산당과 중화인민공화국은 청나라 말기나 중화민국에 비해 나름의 성과를 거둔 것으로 볼 수 있다.

중국공산당과 중화인민공화국은 이제 과거와 다른 과제를 안게 되었다. 과거가 경제부흥, 정치안정, 외교협력 등을 추구하던 시대였다면, 지금은 대내외적으로 정치와 외교의 주도권을 쥐고 경제성장을 유지해야 되는 시대이다. 국내 인민과 국제사회는 당과 국가에 더 많은 것을 기대하고 있다. 당·국가체제는 성장과 발전의 시대와 다른 경제, 정치, 외교 그리고 사회·문화적인 변화에 대응해야 한다. 변화된 환경 속에서 과거처럼 절대적인 권위를 통해 억압적인 방식으로 통치하는 것은 한계에 부딪힐 수도 있다.

농민과 노동자들은 중화인민공화국의 경제발전을 위해 희생해왔다. 그들의 사회적 위상을 높이고 소득을 향상시키기 위해 노력해야 한다. 그렇게 하지 않는다면, 노동의 가치를 소중히 여기는 사회주의 국가라고 말하기 어렵다. 중국공산당은 과거 중국대륙의 왕조와 국가들이 주변국에게 어떤 모습이었고, 어떤 평가를 받았는지 뒤돌아보아야 한다. 또한 세계의 강대국이 번영을 구가하다가 어떻게 몰락하게 되었는지를 교훈으로 삼아야 한다. 중국은 국제사회의 경제적 번영과 평화로운 질서를 위해 책임 있는 국가로서 행동해야 한다.

맺음말

　많은 사람들은 먹고 사는 일에 바쁘고, 세상 돌아가는 일에 신경을 쓸 겨를이 적다. 세상 일이 자신의 삶에 영향을 주는 순간부터 관심을 갖고 신경을 쓰게 된다. 2020년 1·2월, 코로나19가 처음 알려졌을 때 그냥 그 이전에 겪었던 사스, 신종플루, 메르스 등과 같이 몇 달 안에 지나갈 것으로 여겼다.

　2021년의 마무리를 생각해야 하는 지금, 코로나19는 일상 깊숙이 파고들었다. 학생들은 작년보다 훨씬 평온하게 비대면 수업, 한산한 학교, 낯선 교실을 현실로 받아들였다. 일반 시민들은 코로나19 상황에서 경제적 어려움을 걱정하고 있다. 하지만 일부 정치인들은 정치적 유리함과 불리함을 머릿속으로 계산한다. 코로나19가 우리의 삶을 완전히 바꿀 새로운 기준New Normal이 적용되는 시대를 만들어내는 결과를 가져왔는지는 시간이 지나면 더 잘 알게 될 것이다.

　아마도 2020년 초에 이미 일부 사람들은 일반인보다 더 많은 정보를 통해 코로나19가 그 전의 감염병과 다른 전개 양상을 보일 것이라고 예측했을 수도 있다. 그리고 그들은 그 정보를 바탕으로 자신에게 이익이 되는 일들이 무엇인가를 생각하고 준비했을 수 있다. 자본주의 사회에서 그 정보는 바로 부를 창출하는 수단이다. 대부분의 사람들은 손에 넣을 수 있는 정보가 제한적이어서 미래를 예단하기 어려웠다. 과거의 경험으로 상황의 변화를 막연하게 가늠했고, 정부의 발표와 언론의 보도에 의지했다.

코로나19가 만들어낸 상황은 중국과 현대라는 공간과 시간 속에서 다양한 사람들이 얽히고설키면서 만들어낸 사건들을 더 흥미롭게 바라볼 수 있게 했다. 중화인민공화국 중앙인민정부의 수립, 반우파투쟁, 대약진운동, 문화대혁명, 개혁개방, 톈안먼사건 등이 일어났을 때 정치집단들은 어떤 의도를 품고 있었고, 일반인들은 그 사건들을 어떻게 받아들였는지 좀 더 깊이 생각하게 되었다. 아쉽게도 이 책은 그 사건들에 대해 깊이 있게 다루는 것을 목적으로 하지 않았지만, 여러 가능성들을 상상해보는 일은 현대사를 정리하는 작업을 더 즐겁게 해주었다.

글을 마무리하면서 중국과 중국의 역사에 관심을 지닌 독자들은 이 책을 어떻게 받아들일이지 걱정이 앞선다. 일단 일을 저지르고 보는 성격은 세심한 고증을 필요로 하는 역사학자에게 단점이다. 하지만 대학을 다닐 때부터 최근까지도 중국사 관련 책들이 번역서로 넘쳐나는 상황에 대해 전공자로서 자괴감을 느꼈다. 야박하고 냉혹한 평가를 받더라도 한 번 시도해보는 것이 좋다고 판단했고, 저질러 보기로 결정했고, 때마침 코로나19로 발이 묶인 연구년을 쏟아부었다.

도서출판 책과함께와 《영혼을 훔치는 사람들》(2003)로 인연을 맺었다. 그 인연으로《중국 근대사》(2019)를 깔끔하고 보기 좋게 만들어 주셨고, 이번에《중국 현대사》까지 흔쾌히 맡아서 출판해주셨다. 류종필 대표의 선의, 이은진 과장 외 직원들의 열의에 진심으로 감사드린다.

사십여 년, 삶의 터전을 지키고 계신 어머니의 무병장수를 소망한다. 그리고 시간이 흘러, 갓난아이 온우溫宇가 글을 읽게 되고, 아버지가 학교에 가서 뭘 하는지 알고 싶은 호기심이 들었을 때 이 책을 펼쳐보게 되기를 바란다. 아내 정인正仁의 사려 깊은 마음, 현명한 처신, 남편에 대한 믿음으로 늘 마음이 평안하다. 사랑한다. 고맙다.

2021년 9월, 소촌동 기찻길 옆 서재에서
이영옥

참고문헌

김명호, 《중국인이야기》(1-7), 한길사, 2012~2019.

김흥규, 《중국의 정책결정과 중앙·지방 관계》, 폴리테이아, 2007.

니시무라 시게오·고쿠분 료세이, 이용빈 옮김, 《중국의 당과 국가: 정치제제의 궤적》, 한울아카데미, 2012.

로드릭 맥파커, 김재관·정해용 옮김, 《중국현대정치사》, 푸른길, 2012.

李德彬, 梁必承·尹貞粉 譯, 《中華人民共和國經濟史1·2》, 교보문고, 1989.

마리-클레르 베르제르, 박상수 옮김, 《중국현대사: 공산당, 국가, 사회의 격동》, 심산, 2009.

박상수, 〈중국도시 人民公社 건설시기 街道공간의 국가와 사회, 1958-1965〉, 《중국근현대사연구》 제66집, 한국중국근현대사학회, 2015.

백권호, 〈중국 국유기업제도 개혁에 관한 역사적 접근〉, 《경영사학》 19-3, 한국경영사학회, 2004.

백권호, 〈중국의 국유기업제도 개혁과정에 관한 연구〉, 《국제학논총》 5, 계명대학교 국제학연구소, 2000.

백승욱, 《문화대혁명: 중국현대사의 트라우마》, 살림출판사, 2007.

샤오궈량·수이푸민, 이종찬 옮김, 《현대중국경제》, 해남, 2015.

손승회, 《문화대혁명과 극좌파: 마오쩌둥을 비판한 홍위병》, 한울, 2019.

송재윤, 《슬픈중국: 인민민주독재, 1948-1964》, 까치, 2020.

오수열, 〈중국의 전국인민대표대회와 중국인민정치협상회의의 기능과 상호관계〉, 《한국동북아논총》 31, 한국동북아학회, 2004.

유영구, 〈人民公社의 변화과정을 통해 본 中國의 농업관리형태〉, 《중소연구》 13-3, 한양대학교 아태지역연구센터, 1989.

윤재수, 〈중국인민정치협상회의제고〉, 《중소연구》 4-1, 한양대학교 중국문제연구소,

1979.

이영옥, 《중국근대사》, 책과함께, 2019.

이준엽, 〈중국 국유기업개혁 효과분석: 상장기업의 소유제 형태별 수익성 측면에서〉, 《국제지역연구》 14-2, 서울대 국제학연구소, 2005.

전리군, 연광석 옮김, 《모택동시대와 포스트 모택동시대 1949~2009》(상·하), 한울아카데미, 2012.

조호길·리신팅, 《중국의 정치권력은 어떻게 유지되는가》, 메디치미디어, 2017.

중국공산당중앙당사연구실, 홍순도·홍광훈 옮김, 《중국공산당의 역사》, 서교출판사, 2014.

중국근현대사학회 엮음, 《중국근현대사강의》, 한울, 2019.

曾壁鈞·林木西, 박상선·최영렬 옮김, 《중국현대경제사, 1949-1992》, 매일경제신문사, 1993.

진춘밍·쉬쉬옌, 이정남·하도형·주장환 옮김, 《문화대혁명사》, 나무와숲, 1999.

천밍밍, 이희옥·김현주 옮김, 《중국의 당·국가체제는 어디로 가는가》, 성균관대학교 출판부, 2020.

Kerry Brown, 김홍규 옮김, 《현대중국의 이해》, 명인문화사, 2014.

페터 슈테판, 이영아 옮김, 《세상을 바꾼 사진》, 2006.

프랑크 디쾨터, 고기탁 옮김, 《해방의 비극: 중국혁명의 역사, 1945-1957》, 열린책들, 2016

프랑크 디쾨터, 고기탁 옮김, 《문화대혁명: 중국인민의 역사, 1962-1976》, 열린책들, 2016.

필립 쿤, 이영옥 옮김, 《타인들 사이의 중국인》, 심산, 2014.

那日松編輯, 《四月前后: 1976至1986》, 像素雜誌社, 2016.

吳敏, 〈文藝戰線上的一場大辯論〉, 《南方文壇》 2018-04.

烏廷玉, 〈舊中國地主富農占有多少土地〉, 《史學集刊》 1998-01.

中國共産黨 中央委員會 編, 《關于建國以來黨的若干歷史問題的決議》, 人民出版社, 1981.

中國國家統計局, 《新中國65週年》, 2013.

行龍, 〈集體化時代農村社會研究的重要文本〉, 《山西大學學報》 2018-01.

도판 및 통계 자료 출처

中国国家统计局(https://www.stats.gov.cn)

中国共产党新闻网(https://cpc.people.com.cn)

党建网(https://www.dangjian.com)

大纪元(https://www.epochtimes.com)

歷史趣闻(https://www.ishiquw.com)

多维新闻(https://www.DWnews.com)

中国日报CHINADAILY(https://www.chinadaily.com.cn)

华国锋纪念网(https://www.huaguofeng.org)

中国国家统计局(https://www.stats.gov.cn)

纽约时报中文网(https://cn.nytimes.com)

Kyodo New+(https://english.kyodonews.net)

Publico(https://www.publico.pt)

South China Morning Post(https://www.scmp.com)

World Trade Organization(https://www.wto.org)

The World Bank(https://www.worldbank.org)

연합뉴스(https://www.yna.co.kr)

한국무역협회(https://www.kita.net)

찾아보기

중국 현대사

혁명국가에서 경제대국으로

1판 1쇄 2021년 9월 30일

지은이 | 이영옥

펴낸이 | 류종필
책임편집 | 김현대
편집 | 이은진, 이정우
마케팅 | 이건호
경영지원 | 김유리
표지 디자인 | 박미정
본문 디자인 | 박애영

펴낸곳 | (주) 도서출판 책과함께
　　　　주소 (04022) 서울시 마포구 동교로 70 소와소빌딩 2층
　　　　전화 (02) 335-1982
　　　　팩스 (02) 335-1316
　　　　전자우편 prpub@hanmail.net
　　　　블로그 blog.naver.com/prpub
　　　　등록 2003년 4월 3일 제2003-000392호

ISBN 979-11-91432-20-6　93910